Louis Wagner

Panama - Kanal, Land und Leute

weitsuechtig

Louis Wagner

Panama - Kanal, Land und Leute

ISBN/EAN: 9783956560293

Auflage: 1

Erscheinungsjahr: 2013

Erscheinungsort: Bremen, Deutschland

@ weitsuechtig in Access Verlag GmbH. Alle Rechte beim Verlag und bei den jeweiligen Lizenzgebern.

Cover: Foto © Laktos (Wikipedia)

Panama —
Kanal, Land und Leute.

Von
Louis Wagner,
Redakteur der „Abendschule"

Mit 110 Illustrationen.

Druck und Verlag der Louis Lange Publishing Co.,
St. Louis, Mo.

George Washington Goethals,
Chef Ingenieur und Oberleiter des Panama Kanalbaues, in seinem
Bureau zu Panama.

Vorbemerkung.

Ohne die großmütige Hilfe der Bundesregierung, die uns in den "Annual Reports" der Panama-Kanalkommission und mehreren Pamphleten, die von einzelnen Mitgliedern der Kommission separat herausgegeben worden sind, die wertvollsten Angaben über das große Werk des Kanalbaues zur Verfügung stellte, wie sie uns denn auch eine Anzahl der im Texte eingestreuten Bilder zu ausschließlicher Reproduktion in diesem Buche überließ, — und ohne die sehr wertvollen Berichte und Angaben, die uns unser Photograph, Herr Palfrey, lieferte, der sich monatelang in der Kanalzone aufgehalten und dort die große Mehrzahl der hier erscheinenden Abbildungen auf den Platten seiner Kamera heimbrachte, hätte der Verfasser, obwohl er seit langem aus seiner täglichen Lektüre viel Material dafür gesammelt, dieses Buch nicht schreiben können. Auch einigen Lesern der „Abendschule" in der Kanalzone sind wir zu großem Danke verpflichtet.

L. W.

St. Louis, Mo., 20. Juli 1912.

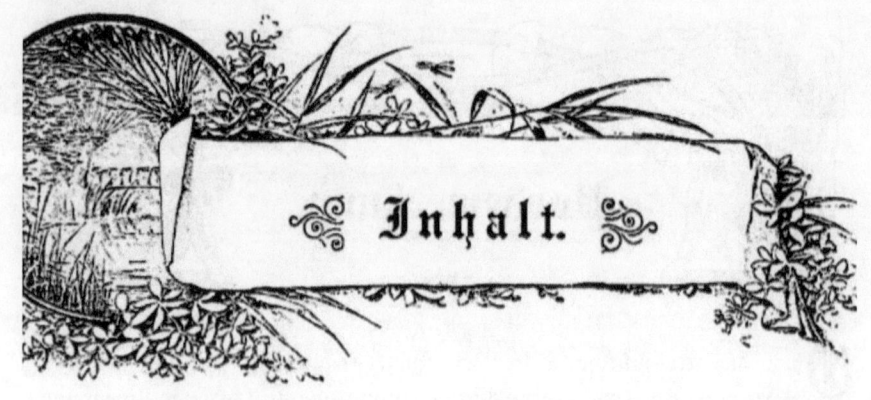

Inhalt.

		Seite.
1.	Die Vorgeschichte des Panama-Kanals	1
2.	Die Kanalarbeiten	26
3.	Eine Fahrt von Meer zu Meer	56
4.	Die Panama-Bahn	70
5.	Die Städte Colon und Panama	88
6.	Die Panamaner	112
7.	Wie Onkel Sam seine Leute am Kanal versorgt	132
8.	Die Arbeiter und das Leben am Kanal	150
9.	Oberst Goethals und seine Gehilfen	172
10.	Die Bedeutung des Panama-Kanals	182
11.	Wie Schiffe den Kanal durchfahren	191

1. Die Vorgeschichte des Panama-Kanals.

Die Völker der Alten und der Neuen Welt erleben jetzt die Vollendung eines Werkes, das in seiner Großartigkeit nichts Geringeres als die Teilung einer Erdhalbkugel, nämlich der westlichen Hemisphäre, ist. Das Riesenwerk des Panama-Kanalbaues geht mit großen Schritten seiner Vollendung entgegen.

Als Datum der Eröffnung des Panama-Kanals war ursprünglich der 1. Januar 1915 gedacht, allein während der letzten beiden Jahre konnte die gesamte Bauarbeit so weit vorschreiten, daß schon um die Mitte von 1913 die Fertigstellung des neuen Schiffahrtsweges erfolgen wird. Laut behördlicher Meldung waren nämlich die gewaltigen Schleusen von Gatun bereits am 1. Juni dieses Jahres fix und fertig,

Am Portal des Kapitols der Republik Panama.

in etwa vier Monaten später erwartet man die Vollendung der Pedro Miguel= und der Miraflores=Schleusen an der Pacific=Seite, und der Gatun=Damm und der große Culebra=Einstich — diese fünf Stellen bezeichnen die fünf großen Werke und Hauptarbeiten der ganzen Kanalstrecke — werden bis zum Sommer 1913 vollständig fertig gebracht sein.

Als der geniale Lesseps zu Ende des Jahres 1869 den Suez=Kanal vollendet hatte, da waren auf der östlichen Halbkugel zwar auch zwei Kontinente, Asien und Afrika, die jahrtausendelang nachbarlich aneinander grenzten, durch eine Wasserstraße getrennt worden, durch die nun das Mittelländische Meer und der Indische Ozean sich die Bruderhand reichten, aber durch den noch etwas längeren Panama = Kanal, den nicht eine Privatperson, nicht eine Gesellschaft von Kapitalisten gebaut hat, sondern den die Vereinigten Staaten von Amerika herge=

Auf dem vollendeten Kanal.

stellt haben, werden sich nicht nur die beiden großen Ozeane, die dort Jahrtausende hindurch nur wie durch einen nachbarlichen Zaun getrennt waren, zu einem gigantischen Wasser=Trust die Bruder= und Bundes= hand reichen, sondern wird auch ein ganzer Kontinent, Nord= und Süd= amerika, die bisher ein Ganzes, ein Festland waren, für immer in zwei Hälften geteilt. Tausende von Schiffen aber, die bisher den langen, beschwerlichen Weg um Kap Horn herum einschlagen mußten, und eine noch weit größere Anzahl, die bisher den östlichen Kurs nahm, teils um das Kap der guten Hoffnung, teils durch den Suez=Kanal, und die dem Sonnenbrande auf dem Roten Meere und dem Indischen Ozean ausgesetzt war — Schiffe von Deutschland, England, Skandinavien, Holland, Frankreich, Belgien, — sie werden fortan neben denen Ameri=

Am Strande bei Cristobal, vor der Mündung des Kanals.

las auf ihren Hin= und Herfahrten von Erdteil zu Erdteil den weit angenehmeren und so vielfach bedeutend kürzeren neuen Seeweg wählen. Mit einem Worte, der Welthandel wird in eine neue Bahn gelenkt werden, wie nie zuvor.

Es ist ein seltsames Vorkommnis, daß Kolumbus, der Entdecker Amerikas, der doch Amerika ganz und gar nicht suchte, sondern den kürzesten Weg nach Indien und Japan auffinden wollte, den amerikanischen Kontinent genau an der Stelle zuerst erblicken mußte, wo unsere Regierung jetzt den Panama=Kanal gebaut hat, — bei der Stadt Colon. Der kühne Seefahrer hatte freilich die Westindischen Inseln bereits mehrfach betreten, denn diesmal befand er sich auf seiner vierten, fernsten und letzten Seereise über das Weltmeer (1502—3); aber diesmal leuchteten vor dem Bug seiner Karavellen die nebeligen Häupter des San Blas=Gebirges auf, und bald lag seine kleine Flotte in dem Hafen vor Anker, der heute den Namen Limon=Bai trägt, den Kolumbus jedoch „Naos", d. i. die Schiffsbai, nannte. Dort ist heute die atlantische Einfahrt zu dem neuen Wasserwege, dem Panama=Kanal, dicht neben der Stadt Colon, der nach dem Entdecker benamsten Isthmusstadt; denn die Spanier nannten Kolumbus bekanntlich Cristobal Colon. Diese ersten Erforscher Centralamerikas hörten nämlich von den Indianern von einem Wasserwege, der angeblich die beiden Meere verbinde. Kolumbus suchte diese Meerenge und kurze Route nach dem fabelhaft reichen Indien zu entdecken — ein den Spaniern damals stetig vor Augen schwebendes Irrlicht. Er fuhr schließlich den Rio San Juan hinauf, kehrte aber, als er auf dem Nikaragua=See keinen Ausweg finden konnte, enttäuscht wieder um.

Bald darnach langten andere Spanier an und ließen sich auf dem Isthmus nieder an einer Stelle, die etwa 20 Meilen weiter südlich liegt. Als ihr Anführer den Boden betrat, tat er den feierlichen Ausspruch: „Wir wollen hier im Namen Gottes uns niederlassen" — „en nombre de Dios", wie die Worte im Spanischen lauten. So erhielt die Ansiedlung den Namen Nombre de Dios. Bald aber starben hier so viele Spanier an dem heimtückischen Sumpf= und Tropenfieber, daß der Ort als das „Grab der Spanier" bezeichnet wurde. Eine gesundere Lage wurde zu Porto Bello, einem „schönen Hafen" nicht weit von der Limon=Bai, entdeckt, und diese beiden alten Niederlassungen mußten noch jetzt beim Bau des Kanals von hoher Wichtigkeit werden.

Inzwischen hatte der kühne Abenteurer Nunez de Balboa von den

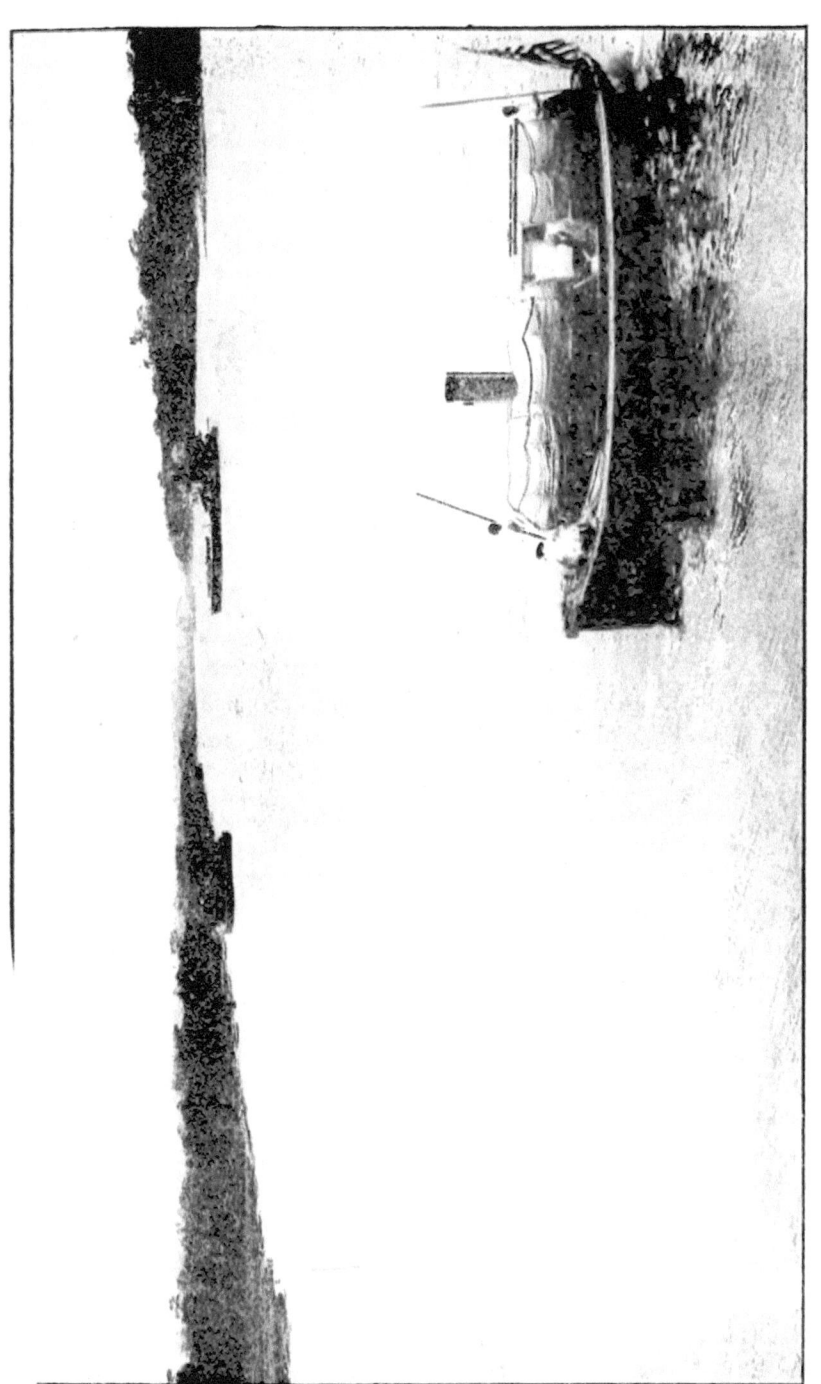

Die hiesige atlantische Einfahrt zum Kanal. Südwärts nach Gatun schauend. Die Einfahrt, vollendet im Juli 1911, ist 500 Fuß breit.

Indianern vernommen, daß in südlicher Richtung ein ungeheurer See sich befinde. Mutig kreuzte er den Isthmus und entdeckte den Pacific-Ozean — die „Südsee" damaliger Zeit — am 25. September 1513. Er nannte das Meer aber „Pacific", weil die Bai von Panama, wo er des Ozeans ansichtig wurde, ein sehr stilles und friedliches Gewässer ist. Auch den Namen Panama gaben die Spanier dieser Stelle, obwohl dieses Wort altindianischen Ursprungs ist und so viel bedeutet wie „Fülle von Fischen"; denn sie waren der Meinung, sie würden an dieser Stelle stets genug Nahrung finden, und gründeten daher hier im Jahre 1519 die Stadt Panama.

Im Jahre 1522 entdeckte der Spanier Gil Gonzales Davila vom Westen her die Seeregion des Nikaragua „nahe der Südsee, die durch einen Fluß mit der Nordsee (dem Atlantischen Ozean) verbunden" sei. Er schloß einen Vertrag mit dem Häuptling der Indianer, Nicarao, und nannte den See Nicarao-Agua (Nikaraos Wasser).

Von Panama aus segelte nun später Pizarro nach Süden und eroberte Peru, und massenhaft wanderte alsbald alles Gold und Silber, das die Minen des schätzereichen Landes der Anden lieferten, auf seinem Wege nach Spanien in den Hafen von Panama und von da über die Landenge auf der „königlichen Heerstraße" nach Nombre de Dios oder Porto Bello. Hier wurde es in des Königs Schatzhäusern verwahrt, bis einmal des Jahres dann eine große Flotte von Galeeren die schweren Schätze nach Spanien schleppte. "Plate Fleet" — Plata-Flotte — nannten die Engländer die Transportflotte der Gold- und Silberschätze der Spanier, nach dem spanischen Worte „plata", Silber, und Sir Richard Grenville war es, der einst, als England und Spanien miteinander Krieg führten, diese Plata-Flotte bei den Azoren überfiel. Auch Sir Francis Drake, der Entdecker der Kartoffel, wagte bald darauf einen Ueberfall auf Nombre de Dios, er hatte aber nicht genug Leute bei sich, es glückte ihm nicht, die königliche Schatzkammer zu erobern, und er mußte sich damit begnügen, eine Eselkarawane auf der „königlichen Heerstraße" dafür abzufangen. Die Stadt Panama konnte Drake aus Mangel an Mannschaften erst recht nicht angreifen. Sobald aber England und Spanien Frieden geschlossen hatten, war der Schrecken, den Drake den Spaniern auf dem Isthmus eingejagt hatte, auch schon wieder vergessen, und die sorglosen Eroberer des Landes dachten gar nicht daran, ihre Städte und Schatzkammern zu befestigen, so verlockend auch die dort immer wieder sich anhäufenden Gold-

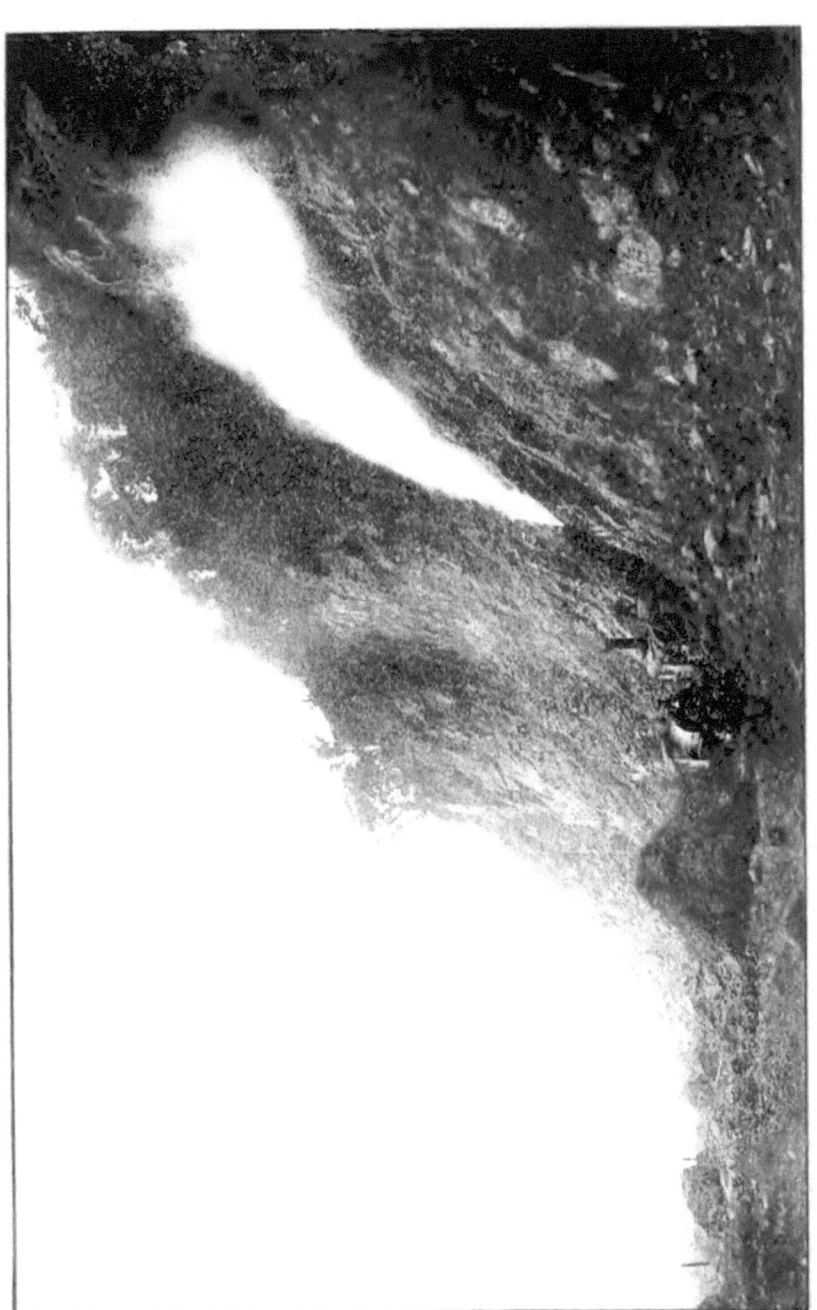

Die Zeinbrüche bei Porto Selle, wo viel Steinmaterial zum Kanalbau gewonnen wurde, im Juni 1911.

und Silberschätze für gar manchen Abenteurer sein mochten. Die ansäßigen Spanier lebten gemächlich in den Tag hinein, erhoben Zoll von den durchpassierenden Karawanen, bestellten ihre Aecker und hübschen Gärten mit Hilfe von Neger= und Indianersklaven, bis dann die „Buccaneers" (die Freibeuterscharen) über sie herfielen. Diese wilden Jäger der Inseln, denen die Spanier dort die Jagd auf Wild verboten hatten, machten plötzlich zu Lande wie zu Wasser Jagd auf die Spanier selbst, und im Jahre 1670 überfielen sie unter der Führung von Sir Henry Morgan sogar die Stadt Panama und machten sie zur Ruine, die sie, die Altstadt, heute noch ist.

Die Stadt Panama wurde dann auf einer felsigen Landzunge, sechs Meilen weiter nördlich, neu aufgebaut und stark befestigt, und ihre Einwohner schlugen später mehrere Angriffe der „Buccaneers" siegreich zurück. Doch die Glanzzeit der Stadt schien bald mit der Erschöpfung der reichen Erzgruben Perus unwiederbringlich vorüber zu sein, und als der Isthmus im Jahre 1819 in recht milder, schlaffer Weise seine Unabhängigkeit von Spanien erklärte, hielt es der Befehlshaber der königlichen Truppen nicht einmal für der Mühe wert, auch nur einen Schuß gegen das ehemalige „Schatzhaus der Welt" abzufeuern. Dreißig Jahre lang wuchs nun das Gras hoch auf der Kathedral=Plaza und den früher so lebhaften Straßen, bis die Stadt mit der Ankunft der Goldsucher, die 1849 ihren Weg nach California über den Isthmus nahmen, plötzlich wieder zu neuem Leben erwachte.

Jetzt landeten Tausende von Amerikanern in Porto Bello und wurden in Kanus und auf Flößen den Chagres River hinauf befördert bis Cruces und sodann auf dem Rücken von Eseln oder von Indianern in Sänften zur Stadt Panama getragen. Hier hatten sie indes nicht selten monatelang auf ein Schiff zu warten, das sie nach San Francisco — wo die Schiffe dick an den Werften lagen, weil die Mannschaften gleichfalls auf die Goldsuche geeilt waren, — bringen sollte. Am östlichen Ende des Isthmus aber sprang nun eine echt amerikanische Grenzstadt ins Leben, auf einer Koralleninsel bei Colon, als man mit dem Legen der Eisenbahnschienen für die Panama=Bahn begonnen hatte. Die Vollendung dieser Bahn brachte dem Isthmus aufs neue einen bedeutenden Handel und Verkehr, die Panamaner jedoch, die in den vorigen Tagen von den Indianern, sodann von den Spaniern gelebt hatten, verstanden es gar bald wie die Landbarone des Mittelalters, jetzt von den Amerikanern und allen Durchreisenden sich zu

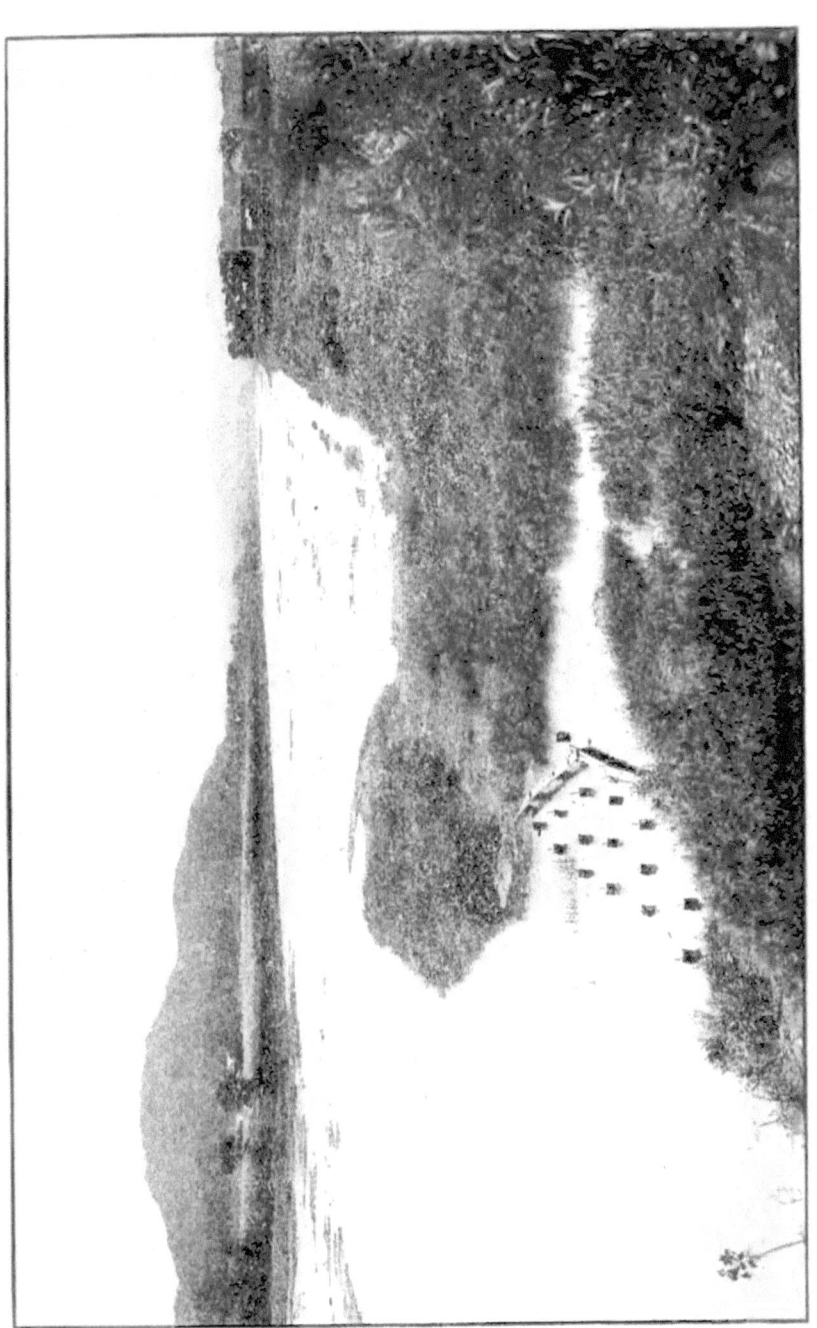

Ein vollendeter Teil des Kanals, 500 Fuß breit, bei Point No. 4, nahe Gorgona, im Mai 1911.

nähren. Es dauerte gar nicht lange, so gab es auf dem Isthmus eine Revolution auf die andere. Diese „Revolutionen" waren nichts anderes als Kriegszüge reicher Landbesitzer, die ihre Heere von Sklaven von irgend einem Glücksritter anführen ließen zu dem Zwecke, zur Macht zu gelangen und dann von jedermann Steuern erheben zu können. So stand es übrigens in der ganzen Republik Colombia, davon Panama, die Landenge, ja einen Teil bildete; niemand wurde Präsident des Landes außer durch Gewalt, und kein Präsident war stark genug, sehr lange auf Panama den Frieden zu wahren. Da aber die Panamaner auch nie stark genug waren, ihre Unabhängigkeit zu erringen, so arteten diese Kämpfe — man zählte hier 53 Revolutionen in 57 Jahren! — zuletzt so sehr in Freibeuterwesen aus, daß die Vereinigten Staaten wiederholt Kriegsschiffe zu entsenden und Soldaten zu landen hatten, um die Revoluzzer von den Geleisen der Eisenbahn zu vertreiben. Denn schon im Jahre 1846 hatte unsere Regierung mit Colombia einen Vertrag abgeschlossen, wonach sie die Neutralität der zu bauenden Bahnstrecke über den Isthmus zum Wohle des Handels und Verkehrs aufrecht erhalten mußte.

Dieser Handel nahm in der Folgezeit so bedeutenden Umfang an, daß die Franzosen im Jahre 1879 unter Führung von Ferdinand de Lesseps, der sich durch den Bau des Suez-Kanals einen Weltruf erworben hatte, eine Gesellschaft gründeten, die nichts Geringeres vorhatte, als nun auch auf der Landenge von Panama einen Kanal von Meer zu Meer zu graben. Er begann die Bauarbeit im Jahre 1883, hatte eine finanzkräftige Gesellschaft mit einem Kapital von $168,600,000 hinter sich und wollte in zwölf Jahren mit dem Kanal fertig sein. Aber die Unterlagen des Unternehmens waren sehr oberflächlicher Natur, der unglückliche Lesseps fand, daß die Wildnisse, Sümpfe, der Chagres-Fluß, Erdbeben und Gebirge dieses Isthmus doch eine ganz andere Aufgabe an ihn stellten als die flache Sandwüste von Suez; die Arbeiten schritten nur langsam voran, immer wieder mußten neue und andere Maschinen beschafft werden, das Sumpffieber raffte ihm die Arbeiter weg, die Revoluzzer plünderten ihm seine Vorräte, kurz, alles ging schief. Endlich nach zehn Jahren war die Lesseps-Gesellschaft verkracht, die Arbeiten am Kanal wurden eingestellt, die Maschinerie verrostete, die Bauten und Wohnhäuser verfielen — die Gesellschaft hatte $250,000,000 ins Unternehmen hineingesteckt, nur erst ein Drittel des Kanalbettes war ausgehoben, und Graf Lesseps starb schließlich

Ein vollendeter Teil des Kanals, 500 Fuß breit, bei Point No. 5, im Juni 1911.

vor Gram, als ihm seine Landsleute auch noch den Prozeß machten.
Gleich nach dem Zusammenbruch der ersten Gesellschaft setzte nun aber
die zweite Entwicklungsstufe des Planes ein, und zwar zunächst wieder
mit der Gründung einer französischen Gesellschaft. Im Jahre 1894
wurde diese Gesellschaft mit $13,000,000 gegründet, und zwar offen-
sichtlich nur, um die Kanalkonzession, welche die Republik Colombia
gegeben hatte, nicht verfallen zu lassen. Es dauerte dann aber noch
zehn Jahre, bis der neue Bauherr offenkundig hervortrat. Der spa-
nisch-amerikanische Krieg mußte erst den Imperialismus in den Vereinigten Staaten wecken, bis der Panama-Kanal zur Bedeutung einer
nationalen Idee gelangte. Von da an ist die nordamerikanische Union
allerdings äußerst zielbewußt vorgegangen.

Es wurde immer klarer, daß die Vereinigten Staaten den Panama-Kanal zu bauen haben würden, wenn er überhaupt zustande
kommen sollte, und eine kurze direkte Verbindung mit dem Pacific-
Ozean wurde für sie und die Schiffahrt überhaupt immer gebieterischer.
Zumal als das stolzeste Schlachtschiff unserer Flotte, die majestätische
„Oregon", im spanisch-amerikanischen Kriege die gewaltig lange Fahrt
aus dem Stillen Ozean um Kap Horn herum nach Cuba machen mußte,
da ging dem amerikanischen Volke ein Licht auf. Es war ihm gleich-
sam, als sei der Scheinwerfer des Schiffes auf der ganzen langen Fahrt
tagtäglich auf die Landenge von Panama gerichtet. Auch die später
ebenso ungeduldig erwartete, mit dem Admiral Dewey aus Manila
(Philippinen) nach langer Fahrt in den Hafen von New York heim-
kehrende „Olympia" warf ein nicht minder helles und bedeutsames
Streiflicht auf die eine direkte Route versperrende, so schmale Landenge. Im chinesischen Kriege war dieselbe dann abermals eine Barriere
für den Hauptteil unserer Flotte.

Der Geschichtschreiber des zwanzigsten Jahrhunderts wird in der
Kette von Ereignissen, durch welche Spanien seine letzten Besitzungen
auf der westlichen Erdhälfte sowie im fernen Osten an Amerika verlor, eine zweckmäßige Fügung der Dinge erblicken, die mit Macht dem
amerikanischen Volke die Erkenntnis von dem hohen Werte und der
unermeßlichen Bedeutung dieser Wasserstraße aufdrängten. Und das
noch um so mehr, weil transisthmische Kanalprojekte längst, aber bis
dahin alle vergeblich, befürwortet und geplant, ja zum Teil auch —
wie wir schon an dem Lessepsschen Unternehmen gesehen haben — in
Angriff genommen worden waren. Die ersten solcher Pläne und

Straße in Tan Son, Kanalzone.

Projekte reichen sogar in die spanische Geschichte zurück. Seit Balboa den Isthmus von Darien kreuzte, hat es allerlei Pläne gegeben, die Landenge zu durchstechen, und immer mehr hatten weitblickende Männer die Vereinigung der Ozeane empfohlen. Nicht nur Cortez, der Eroberer Mexikos, wollte beide Meere durch die Landenge von Tehuantepec verbinden, sondern auch der große Karl V. trug sich ernstlich mit dem Gedanken, den hemmenden Landstreifen zu durchgraben, und zwar an seiner südlichsten Verengerung, am Isthmus von Panama. Aber technische Schwierigkeiten, welche die damalige Zeit nicht so leicht zu lösen vermochte, ließen es vom Willen nicht zur Tat kommen. Endlich

Die östlichste Landspitze der Stadt Colon.

im Jahre 1781 ließen die Spanier ernstlich Vermessungen vornehmen, — und nun tauchten immer mehr neue Pläne auf, bis schließlich achtzehn verschiedene vorlagen. Die Idee, den Nikaragua-See bei dem Durchstich der Landenge zu benutzen, beschäftigte später auch den Franzosenkaiser Louis Napoleon, als er 1842 in Ham gefangen saß, und er schrieb sogar nach seiner Befreiung ein Pamphlet: „Die neue Weltstraße, der Napoleon-Kanal von Nikaragua", aber die bald darauf ausbrechende Revolution brachte ihm mit dem Kaiserthron genug andere Ideeen.

Den Weg über Nikaragua hatten auch die Vereinigten Staaten

Zero Point Breakwater, dem Hafen zu, an dem Bau kurz vor Vollendung zeigend, wie Steinmassen davor geschüttet werden.

lange Jahre ernstlich in Erwägung gezogen. Seit 1825, als Staatssekretär Henry Clay den Anstoß dazu gab, eine Kanalroute durch Nikaragua zu vermessen, war dieses Thema von Zeit zu Zeit lebhaft erörtert worden. Zehn Jahre später nahm der Bundessenat sogar einen förmlichen Beschluß an, den Nikaragua-Kanal zu bauen, Präsident Andrew Jackson betraute auch demgemäß einen Ingenieur namens Biddle mit dem Auftrag, verschiedene Routen zu erforschen und Konzessionen zu erlangen; aber damit war die Sache wieder eingeschlafen. Nachdem dann später die Regierung mehrfach Forschungs-Expeditionen ausgesandt hatte, um über verschiedene in Vorschlag gebrachte Kanalstrecken Untersuchungen anzustellen, war im Jahre 1876 ein Weg empfohlen worden, den der Kongreß mit großer Mehrheit genehmigte und dessen Ausbau zum Kanal er beschloß, zu dessen endgültiger Erforschung die Regierung sodann eine neue Vermessungs-Expedition entsandte und dessen baldige Inangriffnahme die beiden großen Parteien als eine „Planke" in ihre Plattformen einfügten — die Nikaragua-Route.

Trotz alledem wurde weder der Tehuantepec- noch der Nikaragua-

Das Dorf Matachin am Panama-Kanal.

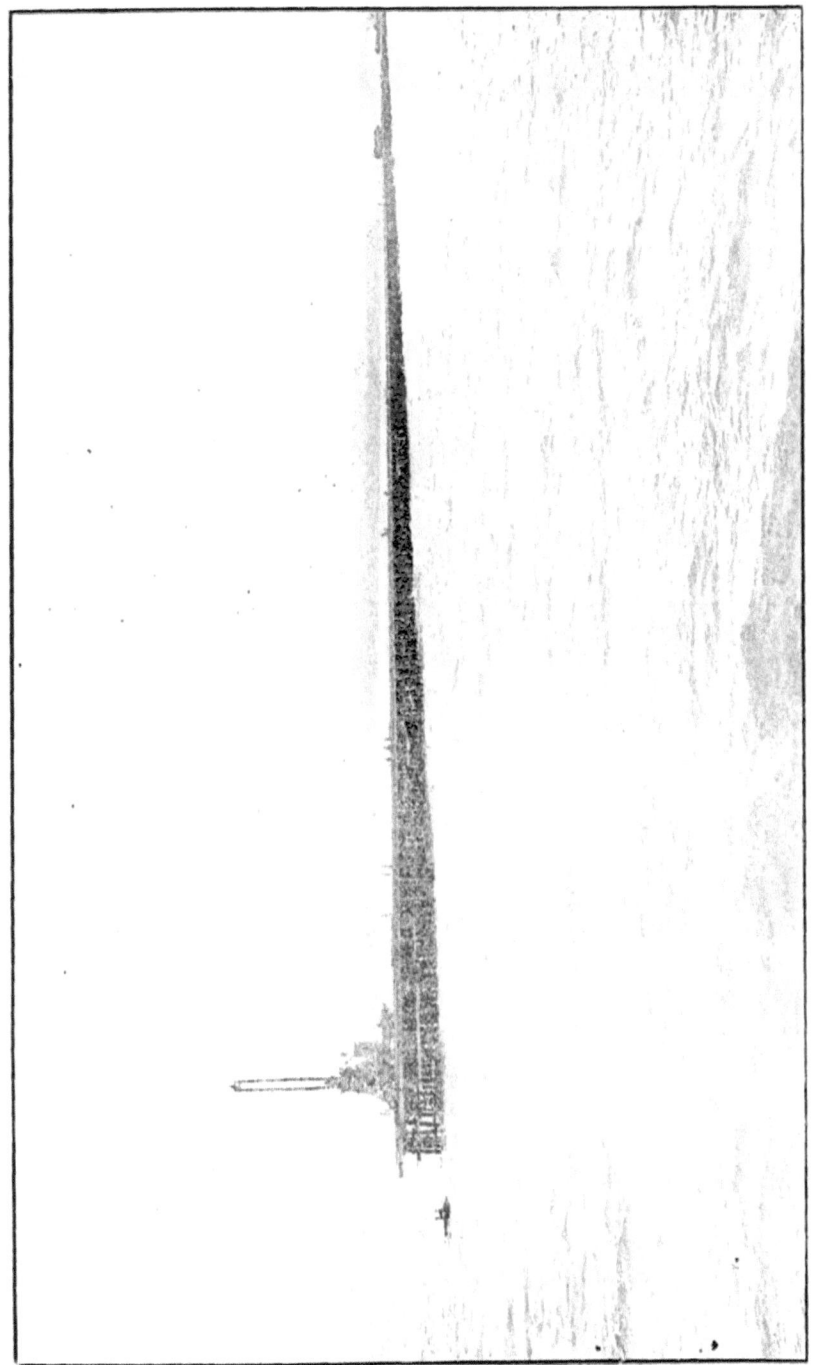

Toro Point Wellenbrecher oder Hafendamm (Breakwater), eine Meile lang, vollendet im Juli 1911.

Panama 2.

Die Stadt Panama.

Kanal — dieser sollte eine Wasserstraße von 169½ Meilen Länge sein — von den Vereinigten Staaten in Angriff genommen. Dagegen bildete sich im Oktober 1886 die "Maritime Canal Company", eine Privatgesellschaft, und ging tatsächlich ans Werk, den Nikaragua-Kanal zu verwirklichen. Ihr Ingenieur A. G. Menocal hatte jahrelang genaue Vermessungen vorgenommen, und unter seiner Leitung begann 1890 die Konstruktionsarbeit bei dem Städtchen America (San Juan del Norte), nördlich von der Flußmündung des Rio San Juan — den Namen Greytown, welchen die Briten dem Orte im Jahre 1848, als sie ihn besetzten, gaben, hat die Regierung von Nikaragua nie anerkannt. Die Gesellschaft baute einen großen Wellenbrecher bei America, errichtete eine Anzahl hübscher Beamtenwohnungen, Hospitäler, Warenniederlagen, Werkstätten, Eisenbahnschuppen und baute ein 11 Meilen langes Geleise neben der Kanalroute her durch das Sumpfland zur Beförderung der Arbeiter und des Materials. Mit dem Ausbau des Kanals kam man indessen gar nicht weit. Der Weg für den Kanal wurde auf 20 Meilen durch dickes Gestrüpp und Urwald geklärt, eine 60 Meilen lange Telegraphenlinie wurde angelegt, die ausschließliche

Teil der alten Festung und Promenade der Stadt Banana.

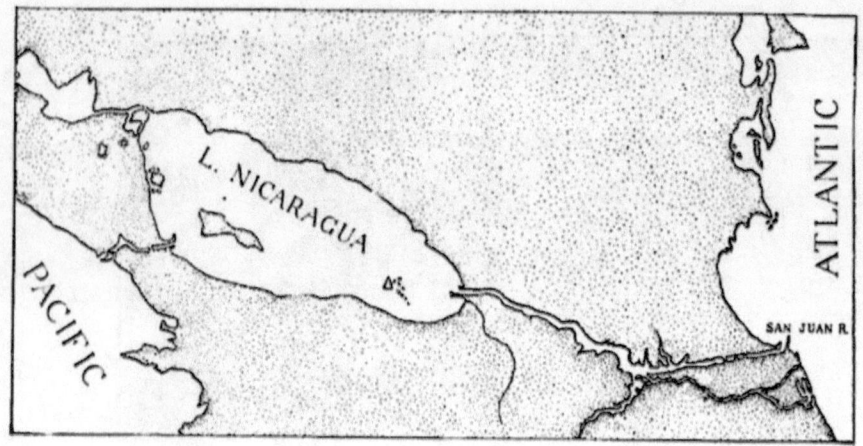

Die Nikaragua-Kanalroute.

Greytown oder America am Eingang des projektierten Nikaragua-Kanals.

Ein über 400 Jahre alter Torbogen in Alt-Panama.

Gerechtsame zur Befahrung des San Juan und des Sees wurde aufgekauft, wie auch von der bankrotten Lesseps-Gesellschaft ein riesiger Bagger („New York"), aber die Kanalstrecke selbst wurde nur auf eine Meile in einer Tiefe von 17 Fuß und in einer Breite von 100 bis 230 Fuß ausgegraben. Da kam die Panik des Jahres 1893, und die Gesellschaft fallierte; sie hatte $4,000,000 verausgabt.

Dies sollte mit dazu beitragen, die Panama-Route als die bessere und geeignetere erscheinen zu lassen. Zwar war es schon den rastlosen Bemühungen des greisen Senators J. T. Morgan von Alabama gelungen, die Regierung zu bewegen, daß sie, eine günstige Zeit, den Burenkrieg, benutzend, die Aufhebung des bisher hemmenden Clayton-Bulwer-Vertrags erzielte, wonach England seit der Besetzung von Greytown noch immer Anspruchsrechte auf Nikaragua erhob, allein als nun das Repräsentantenhaus und hernach der Senat mit überwältigender Mehrheit den Nikaragua-Kanalbau beschlossen hatten und die Regierung nochmals eine große Vermessungs-Expedition, mit Konteradmiral J. G. Walker an der Spitze, ernannt hatte, da erhob England doch wieder Einwand. Da kam die Entscheidungsstunde für die Panama-Route! Die französische Lesseps-Gesellschaft bot nämlich unserer Regierung ihre ganze Gerechtsame mit allen Bauten und aller getanen Arbeit für $40,000,000 an, und ohne langes Säumen schlugen Präsident Roosevelt und der Kongreß zu. Das war im Jahre 1903.

Aber vor der Inangriffnahme des Panama-Kanals sollte der Isthmus, die alte Brutstätte von Revolutionen, erst nochmals eine Revolution, ja eine Sezession erleben. Um nämlich auch die Republik Colombia für den Plan des Isthmus-Durchstiches zu gewinnen und ihre Zustimmung zu erlangen, so bot unsere Regierung der Schwester-Republik die Summe von $10,000,000, damit ihr der geeignete Landstreifen überlassen werde. Colombia sandte einen Bevollmächtigten, Dr. Thomas Herran, nach Washington, um die nötigen Vereinbarungen zu treffen, und am 22. Januar 1903 wurde der Hay-Herran-Vertrag unterzeichnet. Derselbe besagte: Die Vereinigten Staaten sollen für immer die Verwaltung auf einem 30 Meilen breiten Landstreifen des Isthmus haben, doch soll die Oberhoheit über diese Zone der Regierung von Colombia verbleiben. Für solches Kanalrecht solle an Colombia die Summe von $10,000,000 in bar zu zahlen sein, nebst einer Jahresrente von $100,000, die neun Jahre nach dem Datum der Ratifizierung des Vertrages zu beginnen habe. Am 17. März stimmte

Alte katholische Kirche und La Salle-College (Ruine) in Panama.

der Bundesſenat dieſem Vertrage zu. Aber in Bogota, der Hauptſtadt von Colombia, ging er in die Brüche! Dort erwarteten die Staats= männer — ihnen kam der Appetit mit dem Eſſen — noch viel mehr Geld. Sie hatten ſogar Luſt, den Aktieninhabern der Leſſeps=Geſell= ſchaft die ausbezahlten \$40,000,000 abzunehmen. Wiederholt erging der Wink nach Waſhington, die Offerte zu erhöhen, bis endlich Staats= ſekretär Hay dem Auswärtigen Amte Colombias erklärte: „Falls Colombia jetzt den Vertrag verwirft oder ſeine Beſtätigung ungebühr= lich verzögert, ſo möchte das freundſchaftliche Einvernehmen zwiſchen den beiden Ländern ſo ernſtlich gefährdet werden, daß im nächſten Winter vom Kongreſſe Schritte geſchehen könnten, welche jeder Freund Colombias bedauern würde." Am 20. Juni trat der Kongreß Colom= bias in Bogota zuſammen — am 12. Auguſt verwarf er den Vertrag! Da brach über Nacht auf dem Panama=Landſtreifen eine Revolution aus! Eine ganze Anzahl Geſchäftsherren in der Stadt Panama, die Aktienbeſitzer der Leſſeps=Geſellſchaft waren, ſagte ſich: Wenn die Vereinigten Staaten jetzt doch die Nikaragua=Route vorziehen, dann haben wir für immer das Nachſehen; wir verlieren dann nicht nur das angebotene Geld, ſondern auch die beſten Geſchäftsausſichten für die Zu= kunft. Und zu den 53 Revolutionen in 57 Jahren kam eine weitere hinzu. Ganz offen gingen die Panamaner dabei zu Werke. Dem alten, be= ſtehenden Vertrage nach mußten die Vereinigten Staaten wieder ein= greifen und das Eiſenbahneigentum ſchützen. Sofort erklärten die Panamaner ihre Unabhängigkeit und ihren Abfall von Colombia und boten der Regierung der Vereinigten Staaten an, den Kanal ganz nach eigenem Belieben zu bauen. Colombia ſah ein, daß es verlorene Lie= besmühe ſei, der Sezeſſion zu wehren; es war ihm ergangen wie dem Hunde, der, den Biſſen im Maule, im Waſſer den Schatten ſah und raſch noch mehr haben wollte. So froh aber die Panamaner waren, die \$10,000,000 in den Staatsſäckel ihrer neuen, kleinen, ſelbſtändigen Republik fließen zu ſehen, ſo glücklich waren die Vereinigten Staaten, endlich einen 10 Meilen breiten Landſtreifen an der engſten Stelle des ganzen Iſthmus zum Zwecke des lang erſehnten Kanalbaues zu eigen zu bekommen.

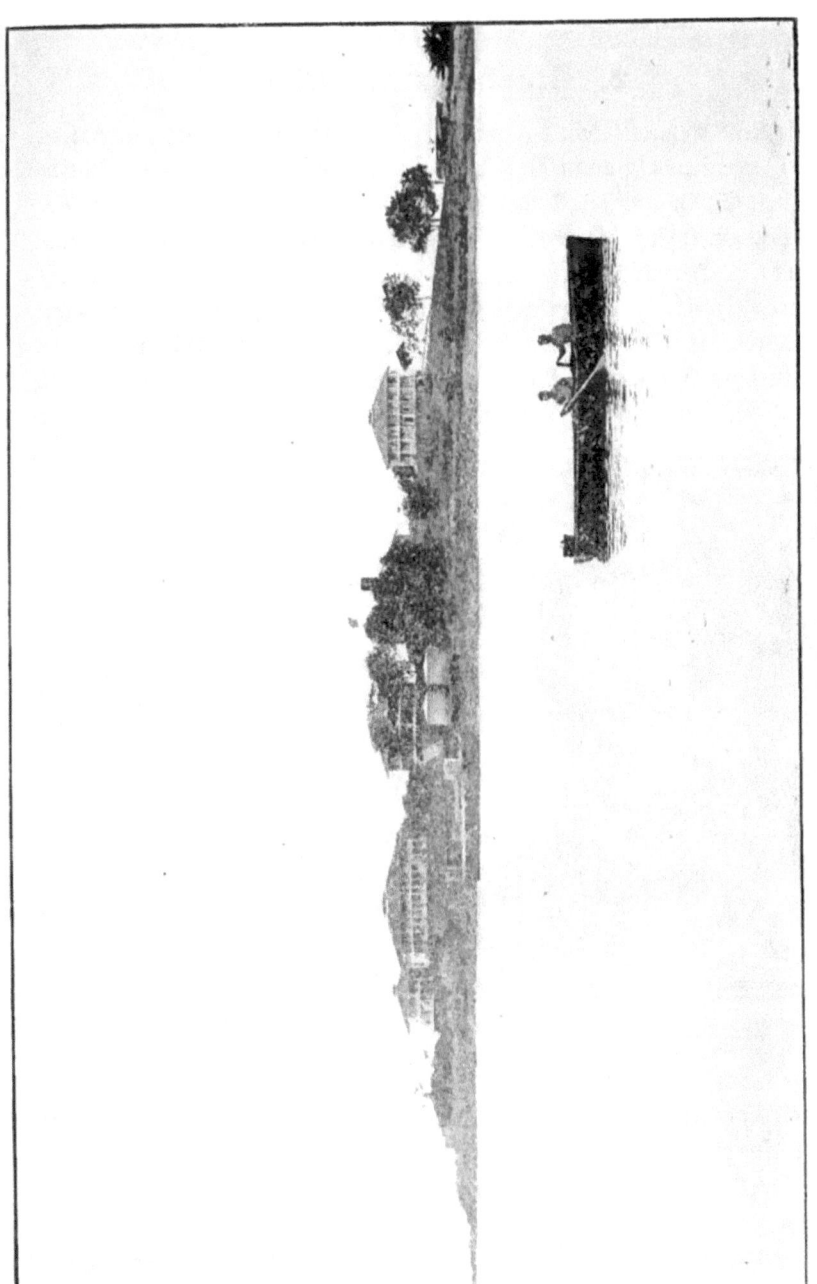
Die Insel-Quarantänestation von Culebra.

2. Die Kanalarbeiten.

Die neue Republik von Panama schickte in der Person des namhaften Ingenieurs Bunau=Varilla ihren ersten Gesandten nach Washington. Schon am 18. November 1903, fünfzehn Tage nach der Revolution, unterzeichnete er mit Staatssekretär Hay den neuen Panama=Vertrag. Derselbe garantiert, daß die Vereinigten Staaten die Unabhängigkeit der Republik Panama gewährleisten, daß sie deren Schatzamt die Summe von $10,000,000 überweisen und nach neun Jahren vom Datum des Vertrags eine Jahresrente von $250,000 bezahlen; und daß ihnen dafür eine 10 Meilen breite Zone ganz und gar zu eigen überlassen wird. Nach drei Monaten bestätigte unser Bundessenat den Vertrag, und Ende Februar 1904 wurde er in der Republik Panama proklamiert.

Präsident Theo. Roosevelt.

Sechs Tage später ernannte Präsident Roosevelt eine Isthmus=Kanalkommission, bestehend aus sieben namhaften Männern: Konteradmiral J. G. Walter, Generalmajor Geo. W. Davis, Wm. B. Parsons, dem Erbauer der New Yorker Untergrundbahn, und den vier Civilingenieuren Wm. H. Burr, B. M. Harrod, Carl E. Grunsky und F. O. Hecker. Diese Herren organisierten sofort vier verschiedene Ingenieur=Korps. Das eine sollte um Colon her genaue Vermessungen und Erhebungen vornehmen, die drei anderen sollten die verschiedenen Stellen, welche die Hauptschwierigkeiten bieten und Dammbauten und Schleusen erfordern würden, genau untersuchen. Aber die Arbeiten gingen dem Präsidenten Roosevelt zu langsam voran, er ersuchte daher Mitte Januar 1905 den Kongreß, eine neue Kommission ernennen zu dürfen, und als daraufhin die erste resignierte, ernannte er an deren Stelle als die zweite Kanalkommission: Theo. P. Shonts,

Am Trauaga-Zwischen von Toro Point. Train Nr. 1.

Vorsitzer; John F. Wallace, Oberingenieur — an dessen Stelle aber bald John F. Stevens trat, — Chas. E. Magoon, Gouverneur der Zone, und vier andere Herren: Konteradmiral Endicott, Brigadegeneral Hains, Oberst Ernst und Ingenieur Harrod, der schon der ersten angehörte.

Diese Kommission berichtete bald zu gunsten eines Schleusen-

Die erste Panama-Kanalkommission.

Links nach rechts, vorn: Gen. G. W. Davis, Konteradmiral J. G. Walter (Vorsitzer), Wm. H. Burr; hintere Reihe: Col. F. O. Hecker, Wm. B. Parsons, C. E. Grunsky, B. M. Harrod.

kanals. Jetzt erhob sich eine langwierige Debatte über die Vorzüge eines Niveau-Kanals und die eines Schleusenkanals. Viele Gutachten von einheimischen und ausländischen Ingenieuren, die zum Teil auch als Spezialkommissionen an Ort und Stelle Prüfungen vornahmen, wurden eingeholt. Zweimal hatte sich Herr Taft, ehe er Präsident wurde, in Begleitung einer Anzahl Ingenieure nach Panama begeben, um persönlich über den Stand der Dinge sich zu überzeugen. Der Durchstich des Isthmus wurde mit Recht als ein so folgenschweres Unternehmen angesehen, daß die gewissenhafteste Erwägung und Ausführung des ratsamsten Planes geboten war. Doch auch diese Frage wurde — obwohl der Plan eines Niveau-Kanals noch heute Freunde und Befürworter hat — endlich sehr glücklich erledigt, und Präsident Roosevelt schickte dem Kongresse eine Botschaft zu, in welcher er den Bau eines Schleusenkanals nicht nur endgültig empfahl, sondern auch dazu bemerkte: „Wer jetzt noch gegen den Schleusenkanal auftritt, der will überhaupt keinen Kanal."

Ganz entschieden erwies sich Oberst George Washington Goethals, der nun mit der Oberleitung des Kanalbaues betraut wurde, in seinen Darlegungen vor der New Yorker Handelskammer als ein überzeugter Befürworter des Schleusenkanals. Er betonte, daß er mit den Plänen für das Projekt nicht das geringste zu tun gehabt habe und nur mit ihrer Ausführung betraut worden sei. Er lasse sich aber kei-

Theodore P. Shonts.

Charles E. Magoon.

neswegs, weil er Offizier sei, durch die Befehle seiner Vorgesetzten in seinen Ansichten beeinflussen, sondern würde von seinem Posten zurücktreten, wenn er die einmal begonnene Arbeit für unausführbar oder unpraktisch halten würde. Für ihn und alle anderen, welche die Fortschritte des großen Werkes beobachtet haben, könne kein Zweifel darüber bestehen, daß der Kanal nach den vorliegenden Plänen gebaut werden könne. Er habe selber, ehe er die Zustände an Ort und Stelle kennen lernte, einem Niveau-Kanal den Vorzug gegeben, nachdem er jedoch die Regenzeit in der Kanalzone verlebt, sei er zu der festen Ueberzeugung gekommen, daß ein Niveau-Kanal unpraktisch sein und keine befriedigenden Resultate ergeben würde. Deshalb sei er entschieden für die Erbauung eines Schleusenkanals. Die hauptsächlichsten Vorteile eines

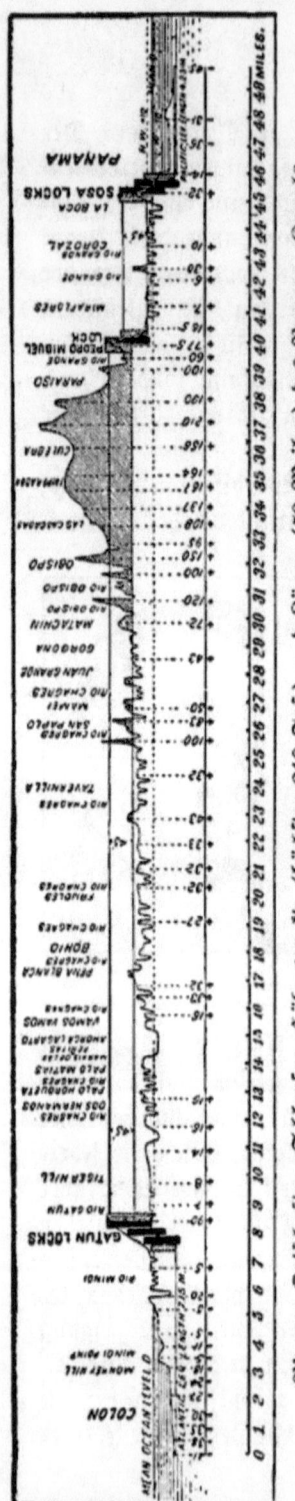

— 30 —

solchen beständen darin, daß er mit weniger Geld und in kürzerer Zeit erbaut werden könne, daß er eine leichtere und sicherere Schiffahrt ermögliche und aus dem Chagres River, der für einen Niveau-Kanal eine stete Gefahr sein würde, einen guten Freund mache. Der Schleusenkanal ermögliche breitere Fahrstraßen mit geringen Kurven. Sein einziges Hemmnis bildeten die Schleusen, aber diese würden so konstruiert, daß Schiffe von 1,000 Fuß Länge und 110 Fuß Breite ohne Gefahr sie passieren können. Dampfer würden nicht unter eigenem Dampfe durch die Schleusen fahren, sondern nach Art der Barken auf dem New Yorker Erie-Kanal befördert werden. Die engen Fahrstraßen eines Niveau-Kanals würden für die Schiffahrt weit gefährlicher sein als die Schleusen.

Die allererste Arbeit nun, welche an der ganzen Kanalstrecke geschah, war eine „Hausreinigung". Schmutz und Unrat und Fieberkeime waren seit 400 Jahren in der Kanalzone, auf dem zu jeder Seite des Kanals fünf Meilen breiten Streifen Landes, angehäuft, so daß es nicht geraten war, tüchtige Arbeiter dorthin zu senden. Diese Kanalzone ist jetzt so gut ein Teil der Vereinigten Staaten wie etwa der Paradeplatz zu West Point oder der Distrikt von Columbia, und obgleich die beiden Städte Colon und Panama an den beiden Enden der Zone just außerhalb des amerikanischen Besitztums liegen, somit der neuen Republik Panama angehören, hat doch unsere Regierung das Recht erlangt, auch sie rein, ordentlich und gesund zu machen, und hat gerade dort, in diesen beiden Städten, ein sonderlich lobenswertes Werk vollbracht und vollbringt es

Am oberen Ende eines Drainierungs-Kanals bei Toro Point.

immer noch. Es war äußerst wichtig, daß die schmutzstarrenden Straßen dieser Städte gut gepflastert, daß Abzugs- und Wasserröhren unter ihnen gelegt und daß die alten Zisternen und Regenwasserfässer abgeschafft wurden. Denn stehendes Wasser, Pfützen und Teiche sind die Brutstätten der Moskitos, und diese sind die Träger der Malaria- und der Gelbfieberkeime. Ehe die Welt diese einfache Wahrheit erkannte, wußte niemand, wie die beiden furchtbaren Seuchen eigentlich zu bekämpfen seien. Wäre es nicht um den aufopferungsvollen Heroismus des Dr. Jesse W. Lazear vom Aerztestab der Bundesarmee gewesen, der seinerzeit auf Cuba an seinem eigenen Leibe die erforderlichen Experimente vornahm und mit seinem Leben dafür bezahlte, so wäre wohl die überaus wertvolle Entdeckung, wie man jener Seuchen erfolgreich Herr wird, noch heute nicht gemacht, und wir wären vielleicht so wenig wie Lesseps imstande gewesen, den Panama-Kanal zu bauen.

Präsident Wm. H. Taft.

Jetzt wollen wir die ganze Kanalstrecke entlang wandern und sehen, wie da gearbeitet und was da geleistet worden ist.

Um von vornherein eine richtige Würdigung des großen Werkes zu gewinnen und einen unauslöschlichen Eindruck mit hinwegzunehmen, langen wir auf einem Dampfer — vielleicht von New Orleans oder gar den 2,000 Meilen langen Seeweg von New York kommend — in der Limon-Bai an. Ein kräftiger Nordostwind bringt den Dampfer in raschem Gange nach Colon. Prachtvoll ist der Anblick der tropischen Landschaft. Aber was ragt uns da entgegen, weit in die blaue Flut hinaus? Ein mächtiger Hafendamm oder Wellenbrecher, mit einem hohen Leuchtturm am äußersten Ende, schützt den Hafen oder vielmehr die Kanaleinfahrt, die sich vier Meilen weit tief ausgebaggert in die See hinein erstreckt, so daß weder die Flut noch die Stürme Sand und Schlamm zurückschwemmen können. Schon sehen wir etwas aus dem Kanal heraus-

Ein Teil des Hafens der alten Stadt Colon.

dampfen, das wie ein sehr dicker Ozeandampfer aussieht, dann aber am Ende des Wellenbrechers um mehrere Fuß in die Höhe zu wachsen scheint, sich

Eine Dampfschaufel am Panama-Kanal.

umdreht und nun wieder zurückplätschert. Das ist der Seebagger „Caribbean", der fortwährend beschäftigt ist, seine dicken Seiten aus der Tiefe heraus vollzusaugen und dann den Sand und Schlamm außen an den Seiten des Wellenbrechers abzuladen. Eine ganze Anzahl kleinerer Bagger sehen wir auf dem Kanal stationiert, so weit nur das Auge reicht, und der Blick schweift in der Tat bis zu den mächtigen Gatun-Schleusen hin, und sie alle sind damit beschäftigt, Steine und Erdreich aus der Fahrrinne zu entfernen und auf Barken zu laden zum

Ein Bagger an der Arbeit.

Zeitweiliger Damm bei Gatun, am Eingang zur ersten Schleuse, von der
atlantischen Seite her.

Weitertransport, oder Sand und Schlamm durch lange Leitungsrohre ans Ufer fortzupumpen. Alles dies entrollt sich deutlich vor unsern Augen, während wir die schöne Bai kreuzen, bis wir diesseits der unansehnlichen Stadt Colon in der hübschen Vorstadt Cristobal, die in der Kanalzone liegt und wo alle Dampfer vor der Einfahrt in den Kanal anlegen können, bei Toro Point, landen.

Nachdem der Reisende aber jetzt schon gesehen hat, was diese Bag-

Gouv. Thatcher (links) von der Kanalzone und Col. Gorgas (rechts), welche die sanitären Arbeiten leiteten und die Landschaft zu einer gesunden machten.

ger zu leisten vermögen, ist er vielleicht schnell mit der Frage zur Hand, warum Onkel Sam nicht in dieser Weise den ganzen Kanal gegraben habe. Statt mit Schleusen und Dammbauten sich zu befassen, hätten doch diese unersättlichen Gesellen sich einfach einen Tiefwasserweg durch die ganze Landenge „hindurchfressen" können, wie? Die Antwort, warum eine solche Lösung des Problems ausgeschlossen war, ist mit vier Worten schnell gegeben: Wegen des Chagres-Flusses. Dieser

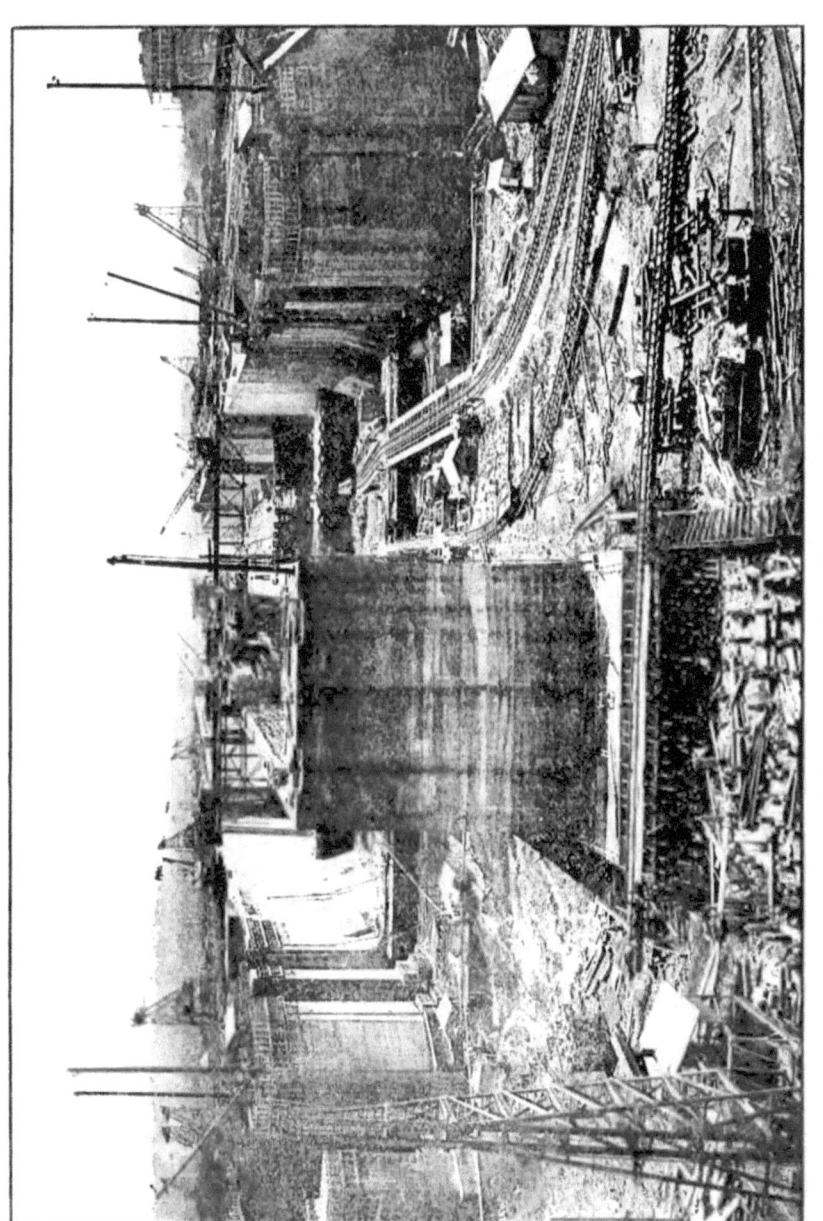

Der obere Teil der Gatun-Schleusen am 16. Juni 1911.

Die Gatun Schleusen. Ansicht der Bodenkonstruktion, am 2. Juli 1910.

Die Gatun-Schleusen — dieselbe Stelle 10 Monate später, mit der Mittelschleuse fertig, am 1. April 1914.

unruhige und unberechenbar launische Wasserlauf kommt aus dem San Blas=Gebirge hernieder, trifft die Kanallinie zuerst bei Bas Obispo und kreuzt sie dann immerfort im Zickzack (auf dem Diagramm oder Entwurf, Seite 30, ist der Chagres neunmal verzeichnet) bis nach Gatun. Obwohl nun freilich ein Kanal bis Gatun ausgebaggert werden konnte, und weiterhin das Erdreich im ganzen Culebra=Durchstich, der nichts weiter ist als ein künstlicher Canyon von 9 Meilen Länge durch die ganze Gebirgs= oder Hügelkette, die sich zwischen Bas Obispo und Pedro Miguel (an der Pacific=Seite) erhebt, so vermochte Onkel Sam doch nicht tiefer zu baggern, als das Bett des Chagres lag, denn dann hätte er sehr einfach Wasserfälle auf allen Seiten gehabt, die, über die Kanalufer stürzend, die Fahrrinne sehr bald wieder zugeschwemmt haben würden. Und da der Chagres ein ganz ansehnlicher Strom ist, von dem man weiß, daß er während der Regenzeit in einer einzigen Nacht um 25 Fuß steigen kann — auf Panama gibt es ganz gewaltige Regengüsse —, so war es kein leichtes Problem, den wilden Gesellen unschädlich zu machen. Die Aufgabe konnte nur durch die ungeheuren Gatun=Schleusen und den mächtigen Gatun=Damm erfolgreich gelöst werden.

Bei Gatun, sehen wir, ist das Tal des Chagres nur etwa eine Drittelmeile breit. Indem diese Oeffnung zwischen den Hügelreihen durch einen gewaltigen und festen künstlichen Hügel ganz abgesperrt wurde, — denn das und nichts weiter ist der ganze Gatun=Damm in Wirklichkeit —, wurden zwei Dinge erreicht: einmal wurde durch die Aufstauung des Flusses hinter dem Damme zunächst ein großer, tiefer See geschaffen, der, mit einer Schleusenreihe versehen, die heranfahrenden Schiffe höher und höher hebt, so daß sie dann auf seinem Rücken 23 Meilen weit bis an die Hügel bei Bas Obispo heranschwimmen können, wo infolgedessen der Culebra=Einschnitt — die Weiterführung des Kanals — lange nicht so tief gegraben zu werden brauchte; zum andern aber verursacht nunmehr eine Regenflut, die den Fluß um 25 Fuß hätte anschwellen machen, in dem breiten, tiefen, abgedämmten See, der einen Flächenraum von beinahe 200 Quadratmeilen einnimmt, noch nicht einmal eine Steigung von ein viertel Zoll. Nicht wahr, eine sinnreiche, praktische Ingenieurs=Leistung? Ohne Frage!

Um diesen Damm stark genug zu bauen, damit er all das Wasser des Chagres sicher zurückhalte, wurden zunächst zwei Gerüstbrücken

Die Gatun Schleusen, wie sie nach Norden zu aussahen am 16. Juli 1910.

(trestles) quer über das Tal errichtet, dann wurden Geleise darauf gelegt, und von ihnen herunter wurden die Steinmassen in ganzen Zugladungen herabgeschüttet, die bei dem Culebra-Einschnitt, dem tiefen Durchstich durchs Gebirge, herausgehoben werden mußten. Damit aber nun dieses Felsgeröll von vielen tausend Tonnen eine kompakte, undurchlaßbare Masse bilde, so mußten große Pumpmaschinen viele Tage lang Schlammassen darauf pumpen, bis das Ganze über eine Viertelmeile dick an der Wasserlinie war und eine einzige feste Lehmmasse bildete. Als dieser gewaltige Damm fix und fertig war, da erschien seine dem See zugekehrte Seite wie eine einzige, massive, zackige Felsenwand, während die andere, zu Tal führende Seite ein so sanft ansteigender Hügel ist, daß ein Zweirabfahrer ohne alle Anstrengung hinauffahren kann.

Doch auch damit war dies bewunderungswürdige Ingenieurswert noch nicht vollendet. Um zu verhüten, daß der See, außerordentlich anschwellend, seine Wasser etwa oben über den Damm hinweg ins Tal ergieße und so doch den Kanal bedenklich gefährde, mußte zugleich für den Chagres-Fluß ein neues Bett gegraben werden durch einen der Berge. Dieser Durchstich wurde dick mit Zement ausgebaut und mit großen Wasser-Regulatoren und einem mächtigen Schleusentor versehen. Dies ist der sogenannte Gatun-„Spillway". Sobald die Dammbauten beendet waren, — es war dies Mitte Juni 1912 der Fall —, so wurde der „Spillway" geschlossen; da füllt, selbst wenn der Fluß nicht wäre, der ungemein schwere Regenfall — von 10 bis 15 Fuß das Jahr! — den See in weniger als Jahresfrist an. Alles überflüssige Wasser aber wird durch den „Spillway" abgeleitet. Während es jedoch abläuft, wird seine Kraft ausgenutzt! Dies Wasser läuft nämlich durch Turbinen hindurch, und diese drehen große Dynamos, welche Elektrizität erzeugen, mit deren Hilfe die ganze Maschinerie der großen Gatun-Doppelschleusen reguliert wird, um die Schiffe höher und höher zu heben — oder tiefer und tiefer zu senken — für die folgende Strecke ihrer Weiterfahrt.

Das große stählerne Schleusentor des „Spillway" oder Gatun-Dammes wurde, wie gesagt, Mitte Juni geschlossen. Es erwies sich wie ein Wunder der Technik. Durch den Fluß füllte sich der See zur Rate von 8½ Zoll per Tag. Das Tor blieb geschlossen, bis das Wasser 50 Fuß über der Meeresoberfläche stand. Es nahm genau 1 Minute und 48 Sekunden, um das 488 Tonnen wiegende Tor zu

Die Gatun Schleusen. Am Vollenden der oberen Schleuse, 19. November 1910.

schließen. Die durch Elektrizität gehandhabte Maschinerie funktionierte ganz vorzüglich; das Tor, das 54 Fuß hoch, 65 Fuß lang und 7 Fuß dick ist, drehte sich mit Leichtigkeit und ohne Geräusch oder Vibration. Dieses und die andern großen Tore der Kanalschleusen wurden übrigens in St. Louis hergestellt.

Die Kanalschleusen hier bei Gatun sind große Doppelschleusen, und zwar drei Paare von Doppelschleusen, so daß hüben drei Schiffe zu gleicher Zeit gehoben werden können, während drüben drei andere gesenkt werden, je nachdem sie nach Westen oder nach Osten weiter fahren. Jedes dieser Schleusenpaare ist wie eine große Doppeltreppe gebaut, kolossale Rechtecke aus Kontretmasse, riesige Tanks, deren jeder ein Schiff aufnehmen kann von 1,000 Fuß Länge, 110 Fuß Breite und 45 Fuß Tiefgang. Der Koloß schwimmt darin wie ein Spielzeugschiffchen in einer Badewanne. Der Leser kann sich eine Vorstellung von der Größe einer solchen Schleuse machen, wenn er bedenkt, daß der „Imperator", das neueste und größte Schiff der Meere, 900 Fuß lang ist. Oder geben wir die Größe dieser Schleusen auf andere Weise an: jede dieser sechs Schleusen — und an der Pacific-Seite des Kanals sind nochmals sechs solche Schleusen! — enthält mehr Zementmassen als die größte Pyramide Aegyptens Stein! Hier ist in der Tat vom amerikanischen Volke in sechs Jahren mehr Material verbaut worden als von den Pharaonen in einem Jahrhundert, und die neuzeitliche Maschinerie hat mehr Kraft entfaltet als ungezählte Scharen Sklaven und Fronarbeiter.

Eine wunderbare Maschinerie war es, die hier bei Gatun die Riesenarbeit leistete. Denken wir uns, wir stünden während der Bauarbeiten oben auf einer der gewaltigen Mauern der Schleusen — eine ganze Anzahl unserer Bilder hilft dem Leser, sich im Geiste dahin zu versetzen, — so sähen wir von einer Höhe herab so hoch wie ein sechsstöckiges Haus und schauten hinab in die tiefen, von dröhnender Arbeit widerhallenden Schleusengruben. Es wäre vielleicht schwer, System in all dem Schaffen zu entdecken; doch bei genauerem Zusehen würde man wohl Zweck und Ziel der Arbeitstätigkeit erkennen. Nach Osten hin aber schweift der Blick die ganze vier Meilen lange Strecke des Kanals entlang bis auf die Limon-Bai hinaus, und da sehen wir denn Barken auf Barken heranfahren, diese mit Portland-Zement beladen, jene mit glitzerndem Sand vom Strande bei Nombre de Dios, noch andere mit Steinquadern aus den Steinbrüchen bei Porto Bello. Denn diese

Die Gatun-Schleusen, nach Norden zu, den Bau der oberen Tore zeigend am 5. Juli 1911.

beiden alten Hafenstädtchen sind durch den Kanalbau zu neuem Leben
erwacht, beide halfen wacker mit an dem großen Werke, und es war
auch nichts Seltenes, daß dieser oder jener Bagger in ihrer Nähe den
Kiel einer uralten versunkenen Galeere und allerlei Waffenreste ans
Tageslicht förderte. Die Fracht aller dieser Barken wurde von großen
Entladekranen gehoben und in Warenhäusern untergebracht, von wo,
wie Küken aus der Brutmaschine, kleine elektrische Wagen hervoreilten,
die ohne Motormann, von selber ihren Weg hinauf in die Höhe fan=
den, oben in die große Mischwerkstätte, wo acht große rotierende Misch=
maschinen die drei Elemente — Zement, Sand und zerkleinerte Steine
— in Konkret verwandelten. Sie schütteten zugleich die fertig ge=
mischte Masse in gewaltige Kübel, die auf anderen elektrischen Wagen,
etwas größeren und schwereren, parat standen, so daß das Arbeits=
material auf den vielen Geleisen innen und zu beiden Seiten der
Schleusen sofort an Ort und Stelle geschafft werden konnte. Was die
Ausführung dieser Scheusen betrifft, so dürften sie wohl so ziemlich
die größten derartigen Bauwerke darstellen, die wir bis jetzt kennen, in=
dem jede von ihnen 125 Fuß breit und ungefähr 1,050 Fuß lang ist.
Sie befinden sich etwa 4 Meilen vom Meere entfernt, dessen Steigen
und Sinken bei Flut und Ebbe hier denn auch nur mehr eine verhält=
nismäßig schwache Wirkung aufkommen läßt. Damit ist auch jede
Art von Störung durch etwaige Fluteinflüsse ausgeschlossen.

Um die Schiffe beim Eintritt in die Scheusen vor einem mög=
lichen Anfahren zu schützen, sind Ketten vorgesehen, die für gewöhnlich
auf dem Grunde der Schleusen liegen, jedoch beim Einfahren eines
Schiffes an die Oberfläche gebracht und über das Wasser gespannt
werden. Als weiterer Schutz für die Schleusenzugänge wurden be=
sondere Schutztore konstruiert, welche in einiger Entfernung vor den
Hauptschleusen=Eingängen angebracht sind. Allein selbst für Fälle,
daß ein ganz besonders großes Fahrzeug möglicherweise imstande wäre,
sämtliche Ketten und Schutztore zu durchbrechen, ist gesorgt. Zu die=
sem Zwecke wurde nämlich schließlich noch ein kräftiger Damm, in Ge=
stalt einer massiven Schwebebrücke, hergestellt, die im Gefahrfalle so
gestellt werden kann, daß sie quer über den Schleuseneingang zu liegen
kommt, wodurch dann augenblicklich die Passage vollständig verschlos=
sen wird.

Die Gatun=Schleusen dürfen von den Schiffen nicht mit eigener
Dampfkraft befahren werden. Zwei große elektrische Lokomotiven von

Die Gatun Schleusen. Nach Süden blickend. Die Mittelschleuse und die obere Schleuse mit dem Tore in der Ferne, am 5. Juli 1911.

je 75,000 Pfund Gewicht sind vielmehr dazu bestimmt, jedes ein- oder ausfahrende Schiff ins Schlepptau zu nehmen, d. h. an Bug und Hinterteil vorwärts zu ziehen resp. zu schieben. Auf diese Weise hofft man, allen Arten von Unfällen, die sich im Verlauf der Passierung der Schleusen ereignen könnten, sicher vorzubeugen.

Ist der Dampfer durch die Schleusen hindurch, so mag er mit Volldampf weiter fahren über den stattlichen Gatun-See hin, der 85 Fuß über dem Spiegel des Meeres liegt. Da passiert er auf seiner Fahrt Eilande, die vormals Bergspitzen waren. Bei Bas Obispo fährt er sodann in den Culebra-Einschnitt hinein. Hier ist der Kanal auf eine Distanz von 9 Meilen, nämlich bis Pedro Miguel — jeder Amerikaner auf dem Isthmus spricht den Namen „Peter Magill" aus, — nur 300 Fuß breit. Das ist die mittlere Kanalstrecke. Die geringere Breite hat hier ihren guten Grund. Denn hier mußte die Wasserstraße aus dem Fels herausgesprengt und herausgehauen werden. Dampfbohrer und Preßluftbohrer waren hier in Reihen auf Reihen von Terrassen übereinander an der Arbeit, tiefe Löcher in das harte Gestein zu bohren, und eine Menge Arbeiter war damit beschäftigt, Dynamit in die Bohrlöcher zu legen, die elektrischen Drähte zu den Sprengstellen zu leiten und dann die abgesprengten Felsmassen fortzuschaffen. So viel wie 40 Tonnen Dynamit sind hier eines Tages zu einer Sprengung verschossen worden, ein ganzer Berg wurde davon in Stücke gerissen. Und zweimal des Tages, wenn die Arbeiter zum Mittagsessen gingen und wenn sie Feierabend machten, knatterten hier tagtäglich die vielen Sprengschüsse wie ein Bombardement, dessen Echo hundertfach widerhallte. War eine große Sprengung geschehen, so nahte auf schnell gelegten Schienen eine der großen Dampfschaufeln herbei, deren stählerne Fangzähne, wie ein Rachen geöffnet, mit jedem „Biß" acht Tonnen Gestein emporheben. Man vergegenwärtige sich den Umfang einer Tonne Kohlen im Keller, und dann denke man sich den achtfachen Haufen! Diese Masse hebt der starke Kran mit e i n e m Ausholen, schwingt sie in der Luft und entladet sie auf einem Flachwagen der Bahn — ebenso leicht wie der Grocery-Clerk ein Pfund Zucker in die Wagschale schaufelt und in die Papiertüte schüttet. Diese Dampfschaufeln — eine einzige vollbrachte hier eine Höchstleistung von 4,823 Kubikyards oder 8,395 Tonnen fortgeschaffter Steinmassen an einem einzigen Tage — arbeiten aber zugleich so genau, daß sie mit ihren exakt schließenden Zahnreihen sogar auch einen Kieselstein, der zur

Die Gatun Schleusen, von außen gesehen, das feste Bauwerk vorführend, am 16. Juli 1911.

Panama 4.

Seite wegrollt, aufzuheben vermögen. Im Culebra=Durchstich waren über 50 dieser Dampfschaufeln an der Arbeit, und sie alle beieinander puffen und schnaufen und rackern zu sehen, glich mehr einer Herde Dämonen als einer Maschinen=Sammlung und war eins der wunder= samsten Schauspiele, das die Welt wohl je gesehen. Ueber 50,000,000 Kubikyards Fels und Erde sind im Culebra=Einschnitt ausgehoben und teils am Gatun=Damm, teils bei den Pedro Miguel= und den Mira= flores=Schleusen, teils an den Hafendämmen bei Colon wie bei Pa= nama, meist aber zur Auffüllung von Sümpfen gut verwendet worden. Somit liegen an der fertigen Kanalstrecke auch keine Schutthaufen, wie seinerzeit jahrelang zu beiden Seiten des großen Chicagoer Ab= wasserkanals, wo erst später der Bauschutt (Gestein) fortgeschafft wurde.

Um diese Erd= und Felsmassen, welche die Dampfschaufeln aus= hoben, fortzuschaffen, war ein ausgedehntes Bahnsystem von mehreren hundert Meilen Geleise erforderlich, und diese Geleise waren so sinn= reich gelegt, daß beladene Züge durchweg bergab fuhren und nur die leeren Wagen bergan zurückgeschafft werden mußten. Jeder Lastzug legte im Durchschnitt eine Strecke von zehn Meilen zurück und hatte, weil er ohne Dampfkraft oder Elektrizität bergab glitt, das Wegerecht vor jedem Passagier=, Spezial= und Postzug. Nur für den Präsiden= ten der Vereinigten Staaten war ein einziges Mal die Bahn frei, und da mußten auch diese Arbeitszüge seinem beflaggten Zuge zur Seite weichen.

Auch beim Entladen dieser vielen Arbeitszüge hat man zwei sinn= reiche Methoden angewandt, die man übrigens hier und da in den Ver= einigten Staaten in kleinerem Maßstabe auch in Anwendung bringt. Zum Teil bestanden die Lastwagen, auf denen die Stein= und Erd= massen fortgeschafft wurden, aus stählernen Stürzkarren; diese wurden mittels Preßluft umgestürzt und entleert. Die meisten Züge aber be= standen aus den gewöhnlichen Flachwagen, über die, vom letzten Wa= gen beginnend, an langem Drahtkabel, das sich um eine starke Winde wand, eine schwere stählerne „Schürze", einem Schneepfluge ähnlich, von der Lokomotive so darüber hinweggezogen wurde, daß die ganze Zugladung in wenigen Augenblicken nach beiden Seiten hin herabflog. War dann aber der Schutt zu beiden Seiten höher geworden als das Geleise, so fuhr ein „Spreader" darüberweg, der alles ebnete. Und dem folgte eine andere neuartige Maschine, der „Trackschifter", der das

Am Bau der 15 Fuß im Durchmesser großen Tunnels der Gatun-Schleusen.

ganze Geleise, Schienen und Schwellen, hob und weiter seitlich legte, auf die eben geebnete Füllung, so daß nun dort von neuem aufgeschüttet werden konnte. Diese Vorrichtungen haben am Kanalbau viele Hunderte von Arbeitskräften erspart und obendrein schneller gearbeitet.

Was nun die Schleusen an der Pacific-Seite betrifft, so ist in

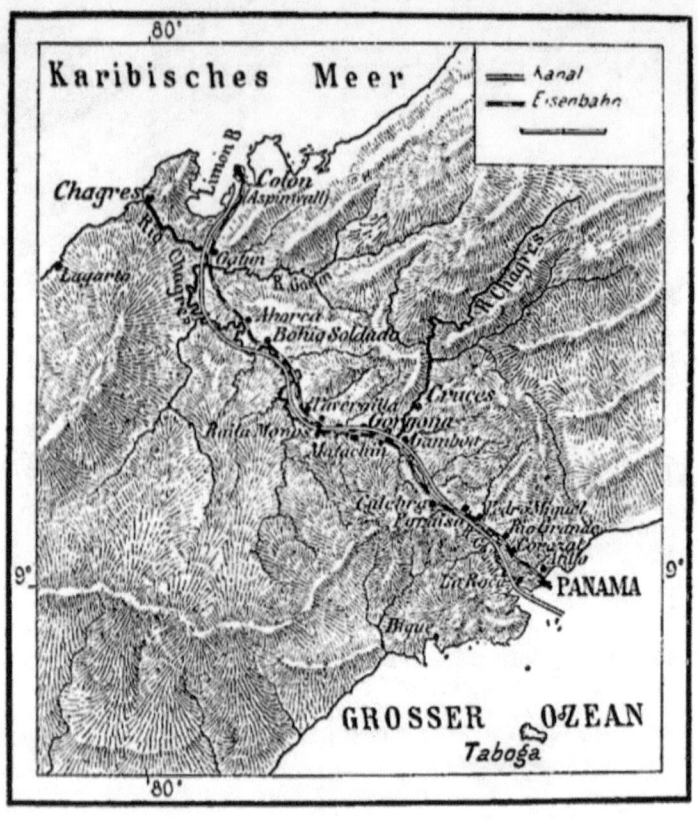

Karte des Panama-Kanals und der Panama-Eisenbahn.

Bezug auf die dort getane Arbeit dem bereits Gesagten wenig mehr hinzuzufügen. Sie sind genau so konstruiert wie die Gatun-Schleusen, ausgenommen nur, daß dort, statt drei Paare beieinander, ein Paar Schleusen bei Pedro Miguel und zwei Paare einige Meilen weiter bei Miraflores angelegt wurden. Zwischen beiden Orten ist ein lieblicher kleiner, zwei Meilen langer See geschaffen worden, den die

Ein Stück Zementarbeit, 90 Fuß hoch und 45 Fuß dick, der Gatun-Schleusen. Stahlgerüste, die dazu benutzt sind, wurden per Bahn herbeigeschafft. Der Tunnel (rechts), die Schleusen mit Wasser zu speisen, ist groß genug, eine Lokomotive durchzulassen.

Schiffe kreuzen. Von Miraflores — der hübsche Name bedeutet „eintausend Blumen" und läßt auf die umliegende Tropenpracht schließen — ist der Kanal durch eine niedrige Landschaft ausgebaggert worden bis zum Pacific-Terminus bei La Boca und Balbao, woselbst große Werften, Warenniederlagen und Schiffsbauhöfe im Entstehen begriffen sind auf einer Landzunge, die durch das Aufschütten von Sümpfen und Untiefen durch das Gestein des Culebra-Durchstiches zu einem wertvollen Hafenbesitztum gemacht worden ist. Wie auf der atlantischen Seite, so ist auch hier das Kanalbett in einer Tiefe von 50 Fuß und Breite von 500 Fuß vier Meilen weit ins Meer hinausgeführt worden, und um es vor Stürmen und vor Verschwemmung zu schützen, hat man hier gleichfalls einen Wellenbrecher gebaut. An diesem Ende des Kanals, und zwar auf den Inseln der Bai wie auch hinter dem hochragenden Ancon Hill, einem kleinen, seit unvordenklichen Zeiten erloschenen Vulkan, der zwischen Balboa und der Stadt Panama liegt, wird die Regierung starke Festungswerke anlegen.

Gouverneur Thatchers Wohnung zu Ancon, Kanalzone.

Eine beinahe fertige Schleuse zu Gatun mit dreifachem Niveau.

3. Eine Fahrt von Meer zu Meer.

Schon während des Kanalbaues sind Tausende von Amerikanern zur Besichtigung des großartigen Unternehmens nach dem Isthmus gereist, um die „tiefe Furche" noch erst zu sehen, ehe das Wasser hineingelassen würde. Auch aus Europa sind zahlreiche Ingenieure, Fachleute und Reisende herbeigeeilt, um die erstaunliche Arbeit, namentlich an allen den Schleusen und am Culebra=Einschnitt zu besichtigen. Eine Fahrt von Meer zu Meer an der Kanalstrecke entlang auf der Panama=Bahn ist aber auch auf alle Fälle ein denkwürdiges Vergnügen und lehrreiches Studium.

Kommt man zu Schiffe von New Orleans oder von New York her, so ist der erste Anblick der Isthmus=Landschaft in ihrer tropischen Fülle und Pracht gleich ein ganz unvergeßlicher. Die ganze Unterhaltung dreht sich auf Deck sofort um Kolumbus: Hier hat also der Entdecker Amerikas zuerst seinen Fuß auf das Festland des neuen Erdteils gesetzt, gerade hier hat er vor 400 Jahren die Durchfahrt nach dem fernen Indien gesucht! Wenn man von New York nach Panama fährt, erblickt man am dritten Tage erst wieder Land, die Bahamas=Inseln. Westlich vom Schiffe taucht eine Insel auf von historischer Bedeutung; es ist San Salvador oder Guanani. Der Dampfer befährt ziemlich genau die Stelle, von wo aus Kolumbus zuerst den neuen Erdteil erblickt haben muß. Man läßt daher den Blick lange auf den niedrigen Umrissen des Eilandes haften, und lebhaft tritt in die Erinnerung die Erzählung von des Seefahrers kühnem Wagnis, wie man sie in den Jugendjahren in Prosa und Dichtung in sich aufgesogen, in späteren Jahren mit nicht verringertem Interesse in ausführlicher Darstellung wieder gelesen hat. Treiben hier doch auch überall die ledergelben Rasen des Sargassotanges umher, die dem Seefahrer mit untrüglicher Sicherheit das Vorhandensein festen Landes verrieten, von dem sie abgetrieben sein mußten.

Aber der Anblick des Isthmus bei Colon und seiner prächtigen Vorstadt Cristobal ist doch ungleich schöner und reizender. Hier landen wir überdies in einem Staate, von dem die Welt vor einigen Jahren noch nichts wußte, der Republik Panama. Die Abtrennung dieser Republik von Colombia war ja unleugbar großenteils das Werk der Vereinigten Staaten. Sie mußten sich die unbedingte Herrschaft über das Land, das der Panama=Kanal durchqueren soll, sichern, ehe sie an

Ein Sperrtor an der ersten der Gatun-Schleusen.

das Riesenwerk gehen konnten. Hier landen wir somit denn auch auf einem zehn Meilen breiten Landstreifen, der (fünf Meilen zu jeder Seite des Kanals) nun Grund und Boden Onkel Sams ist, sein Besitztum in den Tropen Amerikas.

Längs der 48 Meilen langen Bahnstrecke, die sich neben dem Kanal hinzieht und die Arbeiter und Beamten hin und her befördert, also zwischen Colon und Panama, oder, genauer gesagt, zwischen Cristobal und La Boca resp. Balboa — den Hafenstädten am östlichen und westlichen Eingang des Kanals, — sind im ganzen 24 Stationen angelegt, so daß der Besucher überall aussteigen und das großartige Unternehmen an zahlreichen Stellen einer eingehenden Besichtigung unterwerfen kann. Eine Fahrt von Meer zu Meer längs der Kanalstrecke ist somit überaus interessant.

Selbst wenn man in den späten Abendstunden am Kanale weilt, hat der Beschauer ein entzückendes Bild vor Augen. Still liegt die Welt da im Schlummer, in der Ferne rauschen die Wellen des Meeres, durch die Wipfel der Bäume fächelt ein sanfter Zephyr, aber hell erleuchtet — wie eine „Milchstraße" des Kontinents — zieht sich die Silberader des Kanals dahin. Die Beleuchtungsfrage ist hier, wo es an elektrischer Kraft (durch die Wasserkraft bei den Schleusen) nicht fehlt, glänzend gelöst. Je eine halbe Meile voneinander entfernt markieren große Lichtquellen die beiden Seiten des Kanals, und außerdem ist die ganze Route der Schiffe durch zwei den Kanal entlang laufende parallele niedrigere Lichtreihen bezeichnet, so daß auch die Nachtfahrten sich ganz glatt vollziehen werden.

Gleich hinter Colon fährt der Zug durch den sogenannten Black Swamp, den „schwarzen Sumpf", der vor 50 Jahren den Erbauern der ersten Panama-Bahn so unendliche Schwierigkeiten bereitete. Sie schütteten Tonnen auf Tonnen Steine hinein und schleppten Baumstämme herbei, erzielten aber doch keinen Erfolg und meinten, der Sumpf sei — wie einst manche Chicagoer Straßen — bodenlos. Als es ihnen endlich doch gelang, ein Bahnbett hindurchzuführen, versank dieses an mehreren Stellen wiederholt in dem Morast. Noch vor etlichen Jahren passierte es, daß an einer Stelle, die schon längere Zeit wieder unsicher geworden war, das Geleise auf 150 Fuß samt etlichen Güterwagen in dem schwarzen Schlamme auf Nimmerwiedersehen verschwand.

Hat der Reisende den mit dichtem tropischen Gebüsch bewachsenen

Ein naher Anblick des fast vollendeten Zwingers.

und so keineswegs unschönen, vielmehr üppig prangenden Black Swamp hinter sich, so erblickt sein Auge in rascher Aufeinanderfolge eine Ansiedlung nach der andern, ja die Hütten und Häuser, Werkstätten, Kaufläden und Zelte scheinen eine fast ununterbrochene Kette zu bilden. Alle paar Meilen hält der Zug vor gut gebauten Stationen, die mit ansehnlichen Bauten und Quartieren umgeben sind. Da finden sich Schulgebäude, Polizeistationen, Gerichtsstuben, Restaurants, Quartiere für die ledigen, Quartiere für die verheirateten, solche für die weißen, solche für die farbigen Arbeiter. Zahlreich sind auch die Wirtschaften vertreten, aber sie werden scharf kontrolliert, dürfen nur reine Getränke verkaufen und haben hohe Abgaben zu entrichten. Die Ueberwachung ist so streng, daß man nach dem übereinstimmenden Zeugnis aller Reisenden nur selten einen Betrunkenen sieht.

Erinnerungen an die Franzosen begegnen dem Auge allenthalben. Ein beträchtlicher Teil ihrer Kanalgrabung ist von den amerikanischen Ingenieuren ja verwertet worden, auch ein Teil ihres Durchstiches bei Culebra. Strecken ihres Kanalunternehmens und Teile ihrer Abwasserkanäle sieht man am östlichen Teile der neuen Wasserstraße bald hier bald da von der Bahn aus, ihre im Stiche gelassene Maschinerie liegt zerstreut umher, hier steckt ein halbversunkener Bagger, dort krümmt sich wie ein Regenwurm das alte rostige Geleise mit noch etlichen verwitterten, zerfallenen Erdkarren darauf, hier ragt das Konkret=Fundament eines ansehnlichen Baues noch empor, und dort bildet eine geborstene Steinmauer den traurigen Rest entschwundener Pracht. Immerhin haben die Franzosen ihren Nachfolgern über 2,000 gut erhaltene Wohnhäuser hinterlassen, von denen die Mehrzahl heute in Benutzung genommen ist, und im allgemeinen läßt sich nicht verkennen, daß die Franzosen, wenn auch keine so bequemen, doch solidere Häuser aufgeführt haben als die amerikanischen Kanalbau=Unternehmer. Es sind jetzt 33 Jahre her, als de Lesseps hoffnungsfreudig eine Anzahl Ingenieure über den Isthmus hin führte, um die letzten Vermessungen vorzunehmen. In sechs Jahren hoffte er Schiffe von Ozean zu Ozean fahren zu sehen. Aber der Moskito! Lesseps' Arbeiterheere wurden von der Malaria hingerafft, und als erst ein Fünftel des großen Unternehmens fertig war, hatten seine Vertrauten $250,000,000 aufgebraucht, er saß als Verbrecher im Gefängnis, und Tausende von Franzosen, die ihm ihre Ersparnisse übergeben hatten, waren bitter enttäuscht.

Gasolin-Bahnwagen zur Inspektion der Arbeiten am Kanal.

Wir sehen von der Bahn hinab in die kleinen Schluchten, die von den Bergen niedergehen. Was haben denn dort die Neger zu tun, die, mit Gießkanne und großen Blechgefäßen versehen, in jedem Winkel der Schluchten herumkriechen? Ei, die gehen dem Moskito zu Leibe! Sie gehen systematisch jedem kleinsten Wasserloch im Bahnriß nach und begießen es mit Petroleum. Der Kampf gegen die Krankheiten, die das frühere Unternehmen so aussichtslos gestaltet haben, ist auf der ganzen Linie eröffnet und wird unablässig und energisch fortgeführt. So werden die Brutstätten der Moskitos regelmäßig vor Eintritt der Regenzeit von ihren unscheinbaren Larven gereinigt. Die Folge dieses systematischen Kampfes zeigt sich schon jetzt. Man darf den Angaben trauen, wonach seit zwei Jahren keine Epidemie von Gelbem Fieber die Kanalgegend mehr heimgesucht hat. Vereinzelte Fälle werden sich ja nie vermeiden lassen. Aber der Reisende, der jetzt auf der Bahn über die Landenge kommt, hat doch das beruhigende Gefühl, daß ihm in der trockenen Jahreszeit gar keine und in der gefährlichen Regenzeit nur ausnahmsweise eine Ansteckung durch Malaria oder Gelbfieber drohen könnte.

Die neu entstandenen Ansiedlungen, die den zahlreichen Angestellten verschiedenster Art zur Wohnung dienen, liegen zudem alle auf der Höhe, möglichst fern vom Tal, wo die Insekten brüten, und in vollem Luftzuge, der Tag und Nacht angenehm kühlt. Da sehen wir außer den Wohnhäusern Apotheken und Krankenhäuser, Klubs und öffentliche Schulen. Auch für Unterhaltung wird gesorgt. Konzerte und Vorstellungen finden mehrmals die Woche statt.

Immer wieder wechseln längs der Kanalstrecke dicht verschlungene Dschungeln ab mit Lichtungen und Höhen. Die Vegetation ist eine erstaunliche: Palmen, Farne und Riesengräser jeder Art, Röhricht, Weinranken, Orchideen, Mangos, Orangen, Limonen, Bananen und zahllose blühende Sträucher und Schlinggewächse verstricken sich zu undurchdringlichem Dickicht. Ab und zu lugt dazwischen eine kleine Plantage hervor, deren Besitzer ein sorgenloses Dasein zu führen scheint. Plötzlich aber windet sich die Bahn wieder in die unmittelbare Nähe des Kanals, und da herrscht dann wieder rühriger Arbeitsfleiß. Dampfschaufeln von 90 Tonnen reißen mit jedem Ruck gewaltige Stücke aus dem Gestein und Erdreich und speien sie zur Seite auf bereitstehende Eisenbahnkarren; Bagger und Drillmaschine, Picke und Handschaufel, mit Eseln bespannte Erdräumer und Bodenscharren —

Vollendete Eisenbahn durch den Sumpf.

alle arbeiten mit Energie, um den großen Graben zu verwirklichen, und lange Eisenbahnzüge schaffen die ausgehobene Erde und Steinmassen fort an die Auffüllstellen.

Der Kanal soll den größten Ozeanschiffen eine Durchfahrt gestatten. Wollte man für diese einen Niveau-Kanal bauen, so müßte dieser Durchstich nicht nur sehr tief, sondern des eigentümlichen Terrains wegen auch außerordentlich breit sein. Denn einmal beträgt der Unterschied in der Höhe der Flut zwischen dem Stillen Meere und dem Atlantischen Ozean bis zu 20 Fuß — die Wasser würden also in einem Kanal ohne Schleuse dem flachen Lande gefahrvoll —, und zum andern war der Chagres-Fluß während der Regenzeit ein ungemütlicher Geselle, der so wie so abgedämmt werden mußte. Statt in Zukunft noch bedrohlich zu sein, ist er nun dem Schleusenkanal vielmehr ungemein dienstbar gemacht. Das Tal des Flusses ist durch den vielgenannten Gatun-Damm abgeschlossen worden, die überflüssigen Wasser bilden da einen großen See, der, 23 Meilen lang, nicht nur direkt der Durchgangs- und der Binnenschiffahrt dient, sondern auch wo nötig den Kanal speisen hilft und elektrische Kraft spendet.

Das französische Unternehmen — das sieht man jetzt deutlich vor Augen — wäre ganz allein schon gescheitert an der Unterschätzung der natürlichen Schwierigkeiten, die einem solchen Werke in einer bergigen Gegend der Tropen im Wege stehen. Die Berge, von denen die tropischen Regengüsse stets große Massen verwitterten Bodens herabschlämmen, hindern die Ausführung eines Niveau-Kanals, wie ihn Lesseps bauen wollte, weil er rascher zugeschlämmt worden wäre, als er sich ausbaggern ließe; ganz abgesehen davon, daß der verschiedene Eintritt von Ebbe und Flut im Pacific und im Atlantic auf jeden Fall eine schleusenfreie Durchfahrt durch einen Niveau-Kanal unmöglich machen würde, weil er sehr starke Strömungen in dem Kanal zur Folge hätte. Bis zu einer solchen Probe ist das Lessepssche Unternehmen aber gar nicht gediehen, weil man der Schwierigkeiten größte, das mörderische Klima, nicht genug berücksichtigt und nicht hinreichend an dessen Sanierung gedacht hatte. Diesen Angelpunkt der ganzen Kanalfrage haben die Vereinigten Staaten vor allem berücksichtigt, wie der freudig erstaunte Reisende allenthalben immer wieder sich zu überzeugen Gelegenheit findet.

Auch eine solide, gute Fahrstraße für Automobile, Fuhrwerke und Fußgänger ist längs der ganzen Kanalstrecke angelegt, und

Felsmassen werden vor den Gatun-Schleusen aufgeschüttet, als Wehr für die Abwässer, im Juli 1911

Panama 5.

sie windet sich an vielen Stellen durch ein entzückendes tropisches Dickicht.

Schon bei flüchtiger Betrachtung der Orte in der Kanalzone wird man inne, daß überall gegen früher gründlicher Wandel geschaffen ist. Die Städte Colon und Panama sind fast ganz mit sauberen, meist ausgezeichnet gepflasterten Straßen versehen. Nirgends sieht man hier die tiefen Schmutzlöcher, welche die Hafenstraßen so mancher Stadt dem Fußgänger als Vorübung für die Erkletterung einer „Kotalpe" geeignet erscheinen lassen. Mit Dampfwalze sauber makabamisierte oder mit gut gehauenen Basaltsteinen sorgfältig gepflasterte Straßen lassen die leichten Einspänner rasch und ohne Stoßen dahingleiten. Am meisten aber hat sich das Bild der Hafenstädte durch die massenhaften Neubauten moderner, sanitär eingerichteter Häuser geändert. Alle diese neuen Häuser stehen auf Pfählen, so daß zwischen ihrem Boden und der Erde eine breite Luftschicht bleibt. Im übrigen sehen sie wie gewaltige Vogelbauer aus, denn alle Fenster und die weit ausgebauten Veranden, die das Haus umgürten, sind mit feinem Drahtnetz umgeben, moskitosicher. Namentlich am Abend, wenn man durch die vorhanglosen Fenster das Innere im Scheine der elektrischen Lampen erleuchtet sieht, machen sie den Eindruck erleuchteter Käfige. Solche Sicherheitsmaßregeln gegen die Fieberbringer fehlen aber selbst den Arbeiterhütten nicht. In der Tat, in der Kanalzone ist in wenigen Jahren nicht nur durch den Bau der großartigen Wasserstraße ein bedeutendes Werk vollbracht worden, sondern auch durch die Gesundmachung des ganzen Landstreifens und durch die Neuerbauung seiner Städte und Ortschaften eine edle Tat geschehen.

Obgleich die Strecke von Ozean zu Ozean in der Luftlinie nur 41 Meilen beträgt, ist doch der Kanal, der nicht nur hier und da eine Krümmung macht, sondern auch an jedem Ende in tiefer Fahrrinne weit ins Meer hinein verläuft, volle 50 Meilen lang. Auf der atlantischen Seite ist die Einfahrt in den Kanal bei dem in unmittelbarer Nähe von Colon gelegenen Städtchen Cristobal. Acht Meilen landein befindet sich die erste Schleuse, am westlichen Ende des Gatun-Dammes. Alle Schleusen sind, sowohl der Vorsicht halber als auch behufs besserer Schiffsbeförderung, Doppelschleusen und sämtlich über 1,000 Fuß lang, 125 Fuß breit und 50 Fuß tief. Bei Gatun bilden die Schleusen einen dreifachen Lift, bis zu einer Höhe von 85 Fuß. Dann fahren die Schiffe in den Chagres-See, auf dem sie nun 23 Meilen

Am Gatun-Damm, südwestlich blickend, den Fortschritt der Arbeit am Abwässer-Damm veranschaulichend, im Juli 1911

weit über einer Tiefe von 75 Fuß unter Volldampf allen etwaigen Zeitverlust wieder einholen können.

Dieser See und sein gewaltiger Damm bilden den Schlüssel zum ganzen Kanalbau. Die sorgfältigsten Bohrungen und Untersuchungen haben ergeben, daß der Damm auf festem Felsuntergrunde ruht. Diese Mole ist ein riesiges Bauwerk — anderthalb Meilen lang, eine halbe Meile dick und 115 Fuß hoch. Der See führt in den Culebra= Bergeinschnitt hinein; von da führt der Kanal weiter bis nach Pedro Miguel. Dort passiert das Schiff wieder eine Schleuse, um nun abermals einen zwei Meilen langen See zu durchmessen. Eine zweifache Schleuse bei Miraflores bringt das Schiff schließlich auf den Spiegel des Pacific hinab, den es nach einer Fahrt von vier Meilen bei Balboa und La Boca erreicht, um nun in prachtvoller Umgebung majestätisch in den großen Ozean hineinzudampfen, — es hat das größte Weltentor, die neue Fahrstraße von Meer zu Meer, durchmessen.

Besonders malerisch ist das westliche Ende des Kanals. Die Bai von Panama mit ihren Inseln ist ein entzückendes Landschaftsbild. Und wie manche althistorische Stätte kann hier an dieser Bai der Fuß des Wanderers betreten!

* * *

Bahnwerkstätte und Magazine am Kanal.

Ansicht von dem verlegten Bahnbett der Panama-Bahn in der Chagres-Niederung.

4. Die Panama-Bahn.

Durch den Bau des Panama-Kanals ist selbstverständlich eine Fahrt auf der Panama-Eisenbahn, die an der ganzen Kanalstrecke einherläuft, ein besonderes, einzigartiges Vergnügen. Von den Bahnzügen längs des Chicagoer Abwasserkanals blicken alle Passagiere aus den Fenstern, sobald sie auf der nebenher laufenden Wasserstraße ein Schiff dahineilen sehen, — am Panama-Kanal wird der Passagier mitten in tropischer Landschaft Schiffe aus aller Herren Ländern erblicken. Und wie werden aller Augen darauf gerichtet sein, wenn sie von den Wagenfenstern aus stolze Dampfer in den Schleusen bei Gatun, Pedro Miguel oder Miraflores eingeengt hinauf- oder hinabschweben sehen, oder wenn sie auf dem 23 Meilen langen Gatun-Binnensee die unter Volldampf fahrenden Ozeanriesen verfolgen können, oder gar wenn sie schauen, wie ein majestätisches Kriegsschiff, ein mit Kanonen gespickter Panzer, alles beherrschend sich durchs Land dahin bewegt!

Hat der neue Panama-Kanal eine ereignisvolle Vorgeschichte, so hat auch die Panama-Bahn, die heute unzertrennlich zu der neuen Wasserstraße gehört, eine interessante Vergangenheit, und diese historische Bahn durfte bereits im Jahre 1905 das silberne Jubiläum ihres Bestehens feiern. Da war ein halbes Jahrhundert verflossen, seit der erste Schienenstrang die Gestade des Atlantischen und des Stillen Ozeans miteinander verbindet.

Das Bestreben, diese beiden Meere durch einen Verkehrsweg zu verbinden, ist, wie wir bereits erzählt haben, sehr alten Datums. Schon die Konquistadoren machten allerlei Pläne zur Durchstechung der Landenge von Panama; Bolivar, der Befreier Südamerikas, nahm dann 1827 das Projekt wieder auf und ernannte eine Kommission, welche an Ort und Stelle entscheiden sollte, ob man besser einen Kanal oder eine Eisenbahn zwischen beiden Ozeanen baue, doch sein vorzeitiger Tod im Jahre 1830 brachte die Sache wieder ins Stocken. Da nahmen sich 1835 die Vereinigten Staaten der Angelegenheit an und sandten unter Führung von Charles Biddle eine Delegation aus, um die beste Strecke für eine Isthmus-Bahn ausfindig zu machen und den Bau einzuleiten; aber auch dieser Versuch verlief im Sande. Nun fiel im Anfang der vierziger Jahre California an die Vereinigten Staaten, und kurz darauf brach dort das Goldfieber aus, — da war die Angelegenheit der ersten Pacific-Bahn spruchreif geworden.

Die Gatun-Wasserwerke, mit dem Agua Clara Reservoir.

Zwar dachte kein Mensch schon an eine direkte Schienenverbindung durch das ungeheure Gebiet des großen Westens, dennoch wollten die goldhungrigen Abenteurer um jeden Preis so schnell wie möglich ins ferne Dorado hingelangen. So rückte das Goldfieber des Jahres 1849 mit einem Schlage den Isthmus von Panama in den Vordergrund. Die Welt brauchte Panama, sie hatte die Landenge abermals bringend nötig als Handels= und Verkehrsweg, und die Scharen von Goldsuchern scheuten sich nicht, einen gewaltigen Umweg von New York nach San Francisco über Panama zu machen. Hatte doch die Regierung der Vereinigten Staaten sofort nach dem Bekanntwerden der Goldfunde regelmäßige Schiffahrtslinien von New York nach Chagres (Colon) an der Ostseite des Isthmus und weiter von Panama an dessen Westseite nach San Francisco eingerichtet. Aber zwischen Chagres und Panama lag die sumpfige und gebirgige, von dichten Wäldern bedeckte Landenge. Wenn man sie auch in drei Tagen zu Pferde oder Esel durchqueren konnte, so erforderte dies doch eine ungeheure Anstrengung, ja es kostete vielen Abenteurern das Leben. Wie die Heuschrecken, wie ein Ameisen= schwarm zogen damals die Goldgräber mit Sack und Pack, eine endlose Kolonne, über den Isthmus.

Dieser Auswandererstrom arbeitete den Technikern vor. Er suchte sich ganz naturgemäß den bequemsten Weg, den Weg mit den niedrig= sten Paßhöhen, und bestimmte so die Führung der künftigen Eisen= bahnlinie.

Der Bau dieser Isthmus=Bahn bedeutete für die Landenge den Anbruch einer neuen Zeit. Es war das erste namhafte und rühmliche Werk, das der strebsame Norden Amerikas hier im trägen Lande des süßen Nichtstuns, wo man nur dann sich zeitweilig aufraffte, wenn es wieder einmal eine Revolution gab, vollbrachte. Es war eine neue Art Tapferkeit, welche die „Gringos" (die Amerikaner) in Spanisch= Amerika bewiesen, als sie im Jahre 1850 mit Hammer und Axt in die Dschungeln und Sümpfe vordrangen. Im Mai 1850 tat man den ersten Spatenstich zu diesem Unternehmen. Fünf Jahre später, am 27. Januar 1855 fuhr die erste Lokomotive auf der vollendeten Bahnstrecke von Ozean zu Ozean. Etwa acht Meilen Geleise waren jedes Jahr neu gelegt worden. Fünf Jahre blutsaurer Arbeit und unsäg= licher Strapazen, in ihrer Art so schlimm und gefahrvoll wie die einer Polar=Expedition, waren erfolgreich und ruhmgekrönt überstanden.

Unsägliche Schwierigkeiten stellten sich damals in den Weg, schier

Die Pumpenstation der Gatun-Wasserwerke.

noch schlimmere als bei dem Kanalbau. Die Bahnarbeiter mußten in den dürftigsten Hütten hausen, in einer heißen, mit Wasserdämpfen beladenen Atmosphäre, sie lechzten nach dem erfrischenden Hauche des Ozeans, Hunderte erlagen den tödlichen Keimen des Gelben Fiebers, die dem schwammigen Boden entstiegen, und Tausende zogen, sobald sie einen guten Verdienst eingestrichen, morgen als Goldgräber mit den Abenteurerscharen weiter und ließen die Arbeiten im Stiche. Trotzdem baute man unverdrossen drauflos, weite Strecken wurden als durchlaufende Holzbrücken ausgeführt, man rammte die frisch gefällten Stämme in den Boden, verband sie durch allerlei Kreuz- und Querbalken, legte auf diesen brückenartigen Bau den Schienenstrang und behielt sich vor, später den Bahndamm unterzufüllen. Ueberall schossen Städtchen auf, die aber heute zum großen Teile längst wieder verschwunden sind. Jahr für Jahr wurde ein neues Stück der Bahn, die schon 1851 von Chagres bis Gatun vollendet wurde, eröffnet und sofort von kalifornischen Auswanderern überschwemmt, die sie benutzten, soweit sie eben ging, und dann die Reise auf Mauleseln oder Karren fortsetzten.

Im Januar 1855 endlich war der Schienenstrang von Chagres bis Panama fertig, und sogleich fuhr auch die erste Lokomotive von Meer zu Meer. Von den 47 Meilen der Bahnstrecke lagen jedoch noch reichlich neun Meilen auf den geschilderten Holzbrücken und wurden erst später nach und nach als massive Erddämme aufgeführt. Damit war denn die Bahn vollendet.

Und damit war fürwahr ein großes, höchst nützliches und denkwürdiges Werk vollbracht. Mit Recht durfte man im Jahre 1905 — zu Beginn der Kanalarbeiten — das Andenken dieser ersten Verbindung der Ozeane feiern als eine Tat, die für die Menschheit wichtiger war als manche gewonnene große Schlacht. Denn viele Jahre hindurch, bis zum 10. Mai 1869, als die großen Ueberlandbahnen bei Promontory Point in Utah in ihren Strang von Meer zu Meer den letzten Nagel, einen goldenen Bolzen, mit silbernem Hammer eintrieben, blieb diese Bahn von Chagres nach Panama das einzige Bindeglied beider Ozeane.

Die Geschichte der Panama-Bahn beginnt, wenn man ganz genau nachsieht, sogar noch etwas vor der Entdeckung des Goldes in California. Es geschah nämlich schon im Jahre 1848, daß W. H. Aspinwall, Henry Chauncey und John L. Stevens die Regierung von Neu-

Die Ausschachtungen bei Miraði, wo der amerikanische Kanal den französischen kreuzt, im Juli 1911.

Granada (Colombia) um eine Konzession ersuchten, die ihnen gestatten solle, daß sie und andere Geschäftsteilhaber eine Eisenbahn über den Isthmus bauen dürften, die von einem Punkte am Karibischen Meere, der noch nicht näher bestimmt war, beginnen und bis zur alten Stadt Panama am Stillen Meere weiter geführt werden solle. Aber es ist doch höchst zweifelhaft, ob diese Männer überhaupt das dafür erforderliche Kapital hätten zusammenbringen können, wenn der alsbald einsetzende Strom der Goldsucher nicht die Aufmerksamkeit der ganzen Welt und sonderlich der Vereinigten Staaten auf den kleinen, so wichtigen Streifen Landes gelenkt hätte. Zu Anfang des Jahres 1850 begab sich daher Stevens abermals nach Bogota, und dort wurde nun im April die Konzession zum Bau der Panama-Bahn unterzeichnet.

Es herrschte Meinungsverschiedenheit darüber, wo am Atlantischen Ozean die Bahn beginnen sollte. Wie es scheint, hatte man sodann den geräumigen Hafen, den Kolumbus, als er 350 Jahre vorher hier das Festland Amerikas betrat, Puerto Bello genannt hatte, dazu ausersehen. Aber der Plan zerschlug sich, weil ein wohlhabender New Yorker, wie die Geschichte wissen will, schnell alles um die Bai her liegende Land zu Spekulationszwecken aufgekauft hatte und es nun zu hohem Preise feil hielt. Wie dem aber auch gewesen sein mag, es war entschieden zum Vorteil des in unserer Zeit in Angriff genommenen und so schnell vollendeten Kanalbaues, daß für die Panama-Eisenbahn als Ausgangspunkt am Atlantischen Ozean die Navy-Bai, heute Limon-Bai, gewählt wurde.

Zwei Männer, namens Trautwein (ein Deutschamerikaner) und Baldwin, taten den ersten Schlag an diesem großen Unternehmen des Eisenbahnbaues. Keine großartigen Ceremonien, wie das heute so viel der Fall ist, leiteten die Arbeit ein. Zwei Amerikaner, die Axt in der Hand, sprangen aus ihrem Kanu und hieben auf dem Sumpflande in die Urwaldstämme, und ihnen folgte auf dem Fuße ein halbes Dutzend Indianer, die mit ihren langen Messern einen Pfad aushieben und den Weg ebneten. Die Axthiebe dröhnten weit hinaus auf die Bucht, und das Echo trug ihren Schall weithin durch die Dschungeln und den Urwald, zumal wenn ein stolzer Kokosbaum krachend das dichte Gebüsch niederschmetterte und zermalmte.

Die Insel Manzanillo, auf der heute die Stadt Colon liegt, war der Ausgangspunkt ihres Unternehmens, ihre Operationsbasis. Aber wie unbewohnbar war diese Stätte! Die kleine Arbeiterschar war bald

Neue Brückenbauten der Panama-Bahn über den Gatun-Fluß.

gezwungen, samt und sonders über Nacht an Schiffesbord zu kampieren, und auch da wurde sie schier unausstehlich von Moskitos und Sandfliegen und Sandflöhen geplagt. Selbst vor den furchtbaren Regengüssen fanden diese Arbeiter auf dem Schiffe kaum genügenden Schutz, und die steten Schwankungen desselben waren für die ermüdeten und siechen Männer nur zu oft ein Erreger der Uebelkeit. Arbeit im Sonnenbrande und Malaria in den Gliedern bei Tage, nachts Blöße und gestörten Schlaf — das zeigte sich bald verderblich: in kurzer Zeit lag über die Hälfte der Arbeiterschar am Fieber darnieder. Weder Arzt noch Pflege war vorhanden, so waren ihre Leiden nur noch größere.

Als man an die richtigen Sumpfstellen gelangte, wurden die Arbeiten noch bedeutend erschwert. Es wird berichtet, daß die Mannschaften des öftern am Morgen sich ihren Imbiß oben auf den Kopf banden, weil sie den ganzen Tag über bis an die Hüften und Brust im Wasser verbringen mußten, und dann zur Essenszeit im Sumpfe stehend ihre kargen Bissen zu sich nahmen.

Das ungesunde Klima war beim Bau dieser Bahn, wie später bei dem Lesseps'schen Kanalbau, das Haupthindernis des Unternehmens. Die extreme Abwechslung einer trockenen und einer nassen Jahreszeit, eine beständige Sommerhitze und infolgedessen die schnelle Zersetzung des abgestorbenen üppigen tropischen Pflanzenwuchses erzeugen erklärlicherweise eine Menge von Giftstoffen, so daß, wie damals die erfahrensten Aerzte erklärten, niemand, welcher Rasse er auch angehörte und von welchem Lande er auch kam, vor Erkrankung geschützt blieb, sobald er sich eine Zeitlang auf dem Isthmus aufgehalten hatte. Doch wurde schon damals festgestellt, daß der Neger über die beste Widerstandskraft gegen dieses mörderische Sumpffieber verfüge, und daß der Amerikaner und Europäer es besser aushalte als der Chinese, der ihm am allerleichtesten erlag. Es ist eine bemerkenswerte Tatsache, daß hernach, als die Arbeiten besser voranschritten, sämtliche Arbeiter jeden Tag, ehe sie an ihr Werk gingen, Medizin zu schlucken hatten.

Mit den chinesischen Arbeitern hatte die Bahngesellschaft eine besonders traurige Erfahrung zu machen. Eines Tages landete ein Schiff aus Hongkong 800 starke, kräftige Zopfgestalten in Panama. Die Seefahrt hatten sie gut überstanden, aber welche heimtückische Gefahr zu Lande auf sie laure, davon hatten sie nicht die geringste Ahnung. Kaum hatten die 800 Mann den Fuß aufs Trockene gesetzt, so erkrankten ihrer 32, in weniger als einer Woche lagen weitere 80 Mann

Die Regulierstation am Gatun Spillway (Abwasserleitung).

darnieder. Die Dolmetscher, welche diese Arbeiter begleiteten, schrieben die Erkrankung, die bei allen dieselben Symptome zeigte, dem Mangel des gewohnten Opiumgenusses zu. Als nach mehreren Wochen nicht ein einziger der ganzen Schar die Picke und Schaufel noch zu handhaben imstande war und der Tod immer mehr unter ihnen aufräumte, da ergriff die übrigen ein solcher panischer Schrecken, daß ihrer viele der Hand des grimmen Schnitters zuvorkamen und in ihren unausstehlichen Konvulsionen Hand an sich selbst legten. Es wird berichtet, daß viele zum letztenmal sich die Pfeife anzündeten, zur Ebbezeit sich ans Ufer setzten und da in stoischem Fatalismus verharrten, bis die Flut sie ersäufte. Andere erschossen sich, wieder andere erhängten sich mit Hilfe ihres Zopfes.

Mit einer Schar importierter Irländer war die Bahngesellschaft nicht viel glücklicher daran. Kaum hatten sie die weite Fahrt von Cork nach Aspinwall überstanden, als auch schon einer nach dem andern erkrankte, und es ist Tatsache, daß die Bahngesellschaft von keinem dieser Arbeiter einen einzigen vollen Arbeitstag erhielt, ja so groß wurde die Sterblichkeit unter ihnen, daß die Ueberlebenden eilends nach New York geschafft wurden, in der Hoffnung, sie so zu retten. Aber vergebens, das Isthmusfieber stak ihnen so fest in Gliedern und Knochen, daß fast alle dennoch dem Gifte erlagen.

Man erkannte nun gar bald schon bei diesem Bahnbau, daß der Isthmus gar nichts von all den Hilfsmitteln spende, deren man dort so sehr bedurfte. Nicht nur das Kapital zum Bau, sondern auch die Arbeiter, das Bauholz, das Eisen, das tägliche Brot, die Kleidung, die Geräte und Maschinen, die Instrumente, die Behausungen und Wohnungen mußten von auswärts herbeigeschafft werden. Die Vereinigten Staaten lieferten die unternehmungslustigen Kapitalisten, die Techniker und Ingenieure, die praktischen Geschäftsleiter, die geschickteren Arbeiter, Maurer, Schreiner, Brückenbauer und Schmiede, Jamaika lieferte viele Neger, Indien und China sandten Kulis, die Indianer und die Mischlinge stellten manchen Tagelöhner. So waren Kaukasier, Mongolen, Afrikaner, Asiaten, Mischlinge und Indianer, Leute der verschiedenartigsten Lebensgewohnheiten, der Sitten und des Glaubens, hier durcheinander gewürfelt und legten miteinander an einem Werke Hand an, das ein Markstein in der Geschichte des Kontinents, ja der Welt geworden ist.

Selbst das meiste Material zum Bau des Bahnbettes mußte von

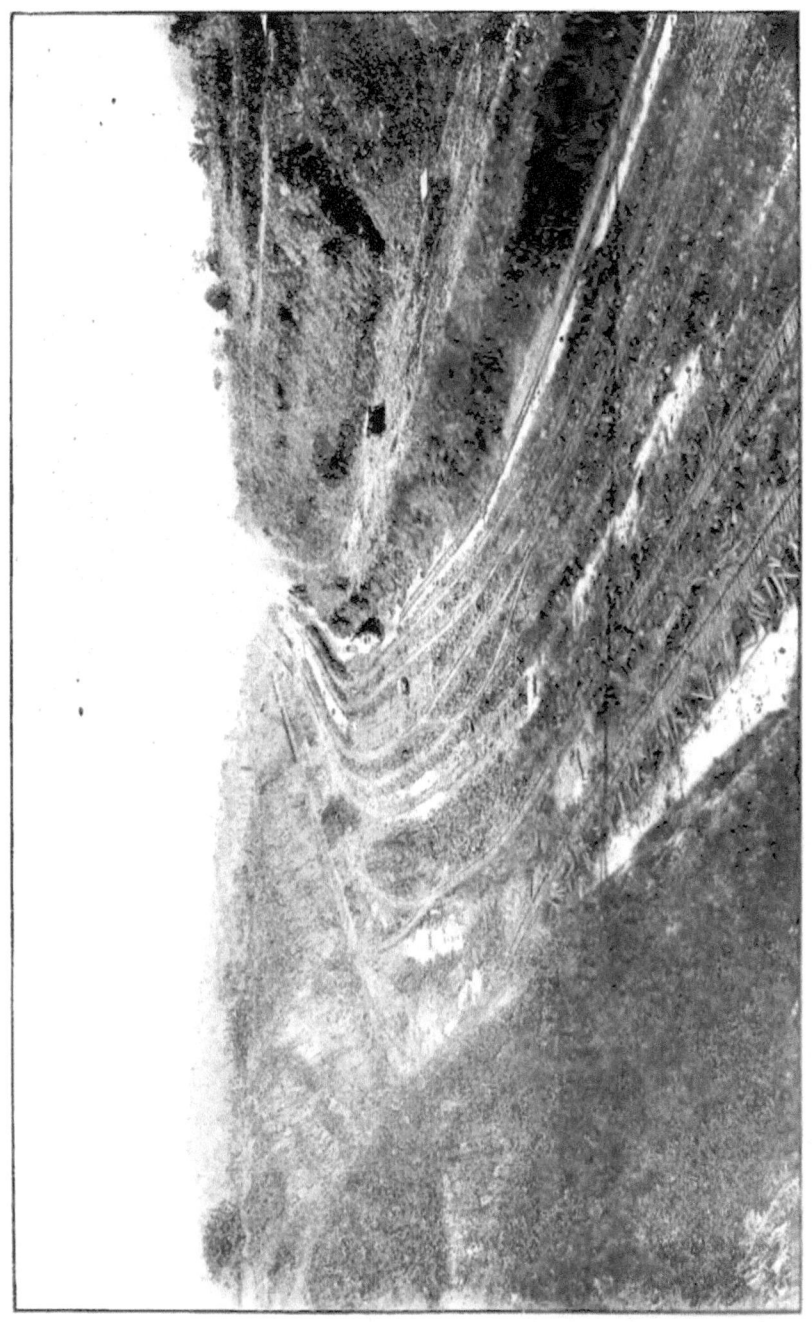

Der Culebra Durchbruch, nördlich von Cunette Angle, bei Empire, 300 Fuß breit, im Juni 1911.

weither herbeigeschafft werden. Wohl gab es an Ort und Stelle den
Urwald, aber es stellte sich gar bald heraus, daß wegen hoher Löhne
und mangelnder Kommunikationswege und -mittel selbst die Bahn=
schwellen billiger und besser aus den Vereinigten Staaten zu beziehen
waren als aus dem sumpfigen, weglosen Urwaldsdickicht; alles Bau=
holz aber für die Brücken, Wohnhäuser, Werkstätten und Ansiedlungen
mußte so wie so aus Georgia und Maine nicht nur bezogen, sondern
dort auch gleich'an Ort und Stelle zurecht gezimmert werden. Alle
Metallsachen, Geräte, Schienen, Lokomotiven wurden teils aus England
teils aus den Vereinigten Staaten herbeigeschafft. Alle Nahrung aber
für die Arbeiter kam aus New York.

Im Oktober 1851 war das Geleise bis nach Gatun gelegt — acht
Meilen vom atlantischen Terminus. Dies war die schlimmste Strecke,
denn bei Gatun traf man nun auf festen, felsigen Boden. Die erste
Sektion durchschnitt den Mangrove oder Black Swamp, in dem man
mitunter gar keinen Boden finden konnte. Die Geleise ruhten hier
buchstäblich auf langen Pontons. Erst viele Jahre später war es
möglich, auch hier nach wiederholten Aufschüttungen ein festes Bahn=
bett herzustellen.

Hatte man jedoch jetzt bei Gatun endlich festen Grund unter den
Füßen erreicht, so erlitt das Werk nichtsdestoweniger alsbald eine Un=
terbrechung, denn die Bahngesellschaft verspürte eine Ebbe in der Kasse!
Die Löhne waren immer höher und höher gestiegen, das Fieber hatte
die Krankenliste beständig verlängert und die Hospitalkosten vermehrt,
das Goldfieber war in all seiner Heftigkeit ausgebrochen und nahm je
länger je mehr die tüchtigsten Hilfskräfte fort in die weite Ferne, — in
der Heimat aber waren die Kapitalisten kopfscheu geworden: es hatte
20 Monate gedauert, um 8 Meilen Geleise zu legen!

Aber just als die Aussichten am dunkelsten erschienen, brachte ein
Tropensturm unversehens die Hilfe. Zwei Dampfer, die „Georgia"
und die „Philadelphia", langten an der Mündung des Chagres an,
dicht besetzt mit Goldsuchern, die nach California eilen wollten. In den
Tagen vor Beginn des Bahnbaues pflegten die Abenteurer in Kanus
bis Cruces sich fahren zu lassen, und von da ging es dann auf Esels=
rücken weiter durchs Gebirge. Der Sturm zwang beide Dampfer, in
der Limon=Bai nahe dem Anfangspunkte der Bahn Anker zu werfen.
Die Bahngesellschaft hatte noch keine Personenwagen. Da stürzten die
goldhungrigen Abenteurer eilends über die Flachwagen her, mit Juchhe

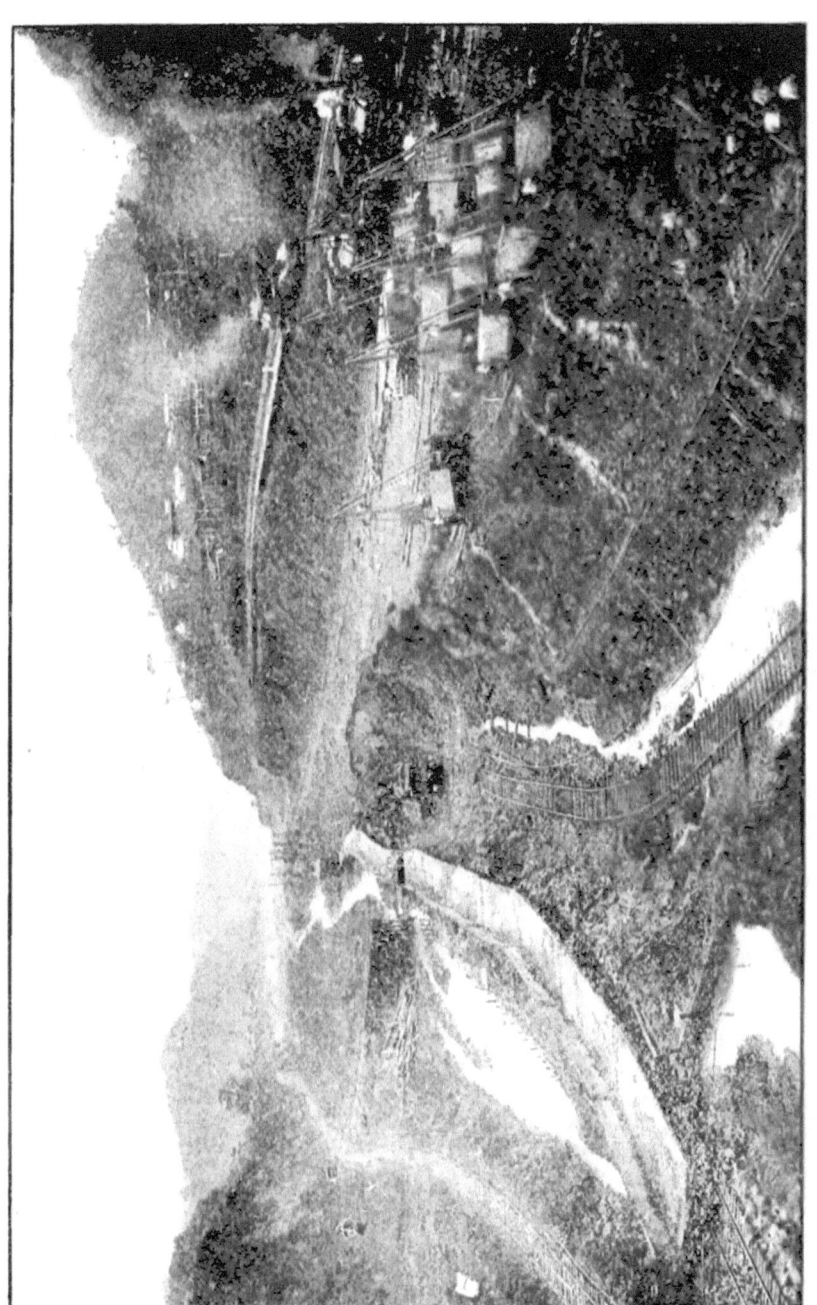

Der Culebra Durchstich, bei Paraiso, gerade nördlich von der Panama-Bahnbrücke, im Juni 1911.

ging es nach Gatun, und diese Nachricht, daß die Panama-Bahngesellschaft auf einen Schlag über 1,000 Passagiere flugs bis nach Gatun geschafft habe, wirkte wie ein Zauber an der New Yorker Wall Street, alles Vertrauen in das Unternehmen war wieder hergestellt, ihr Kredit war gut, die Arbeit konnte fortgesetzt werden.

Im Januar 1854 war endlich der Gipfel des Höhenzuges erreicht. Nun waren über 30 Meilen in Benutzung. Zugleich hatte man jetzt auch am andern Ende, bei Panama, die Arbeit aufgenommen, und als vom Gipfel weiter gebaut wurde, war vom Pacific aus eine Strecke von 11 Meilen fertig gestellt. Doch dort kam man nun ebenfalls in eine Sumpfgegend, und nun ging es auch dort langsam vorwärts. Erst am 27. Januar des Jahres 1855, und zwar um die Mitternachtsstunde, war es, als die letzte Schiene dem Eisenstrange eingefügt werden konnte. Am nächsten Tage fuhr der erste Zug von Meer zu Meer!

Aber seit die sturmverschlagenen Goldsucher der „Georgia" und der „Philadelphia" als die ersten Passagiere auf den Arbeitswagen der Bahn befördert worden waren, hatte doch ein immer stärkerer Strom von Isthmus-Reisenden die teilweise vollendete Bahnstrecke benutzt. Bis zur nunmehr erfolgenden Eröffnung der ganzen Strecke hatte die Gesellschaft daher bereits durch den Transport von Fahrgästen und Fracht die ganz hübsche Summe von $2,125,232.31 vereinnahmt. Der ganze Bahnbau hatte gegen $7,000,000 verschlungen — beinahe $150,000 die Meile — aber noch vor der Vollendung des Werkes hatte die Gesellschaft so schon beinahe ein Drittel der Kosten wieder in Kasse! Zwar mußte nun, obwohl die Durchzüge von Küste zu Küste regelmäßig fuhren, noch etwa $1,000,000 daran gewendet werden, das Bahnbett und das rollende Material in besseren Stand zu bringen, allein jetzt erwies sich ja der Ueberlandweg als eine vortreffliche Kapitalsanlage. Die Gesamteinnahmen bis zum 31. Dezember 1858 beliefen sich auf $8,146,605.

Die ganze Linie ist 47 Meilen lang. Sie kreuzt 170 Wasserläufe, und man zählt 36 Brücken von mehr als 100 Fuß Länge; die Barbacoas-Brücke ist 625 Fuß lang.

Die Bahn bezahlte Jahr um Jahr nach Abzug aller Unkosten 24 Prozent jährliche Zinsen, und die Aktien stiegen von $100 auf $350 im Werte. Sie war „das goldene Ei der Gans". Aber die Herrlichkeit nahm ein baldiges Ende. Im Jahre 1860 war der Handel, der von California, Central- und Südamerika über den Isthmus ging,

Der Culebra Einschnitt bei der Empire-Hängebrücke. Noch 57 Fuß tiefer, als wo die Bahnwagen stehen, war auszugraben, im Juni 1911.

auf seiner Höhe, und die Bahn lebte größtenteils von der Zufuhr, welche ihr die Pacific Steam Navigation Company, eine britische Schiffsgesellschaft, brachte. Der Panama=Bahn aber war mit dem Essen der Appetit gewachsen — sie erhöhte die Gebühren immer wieder, bis diese endlich im Jahre 1868 unerschwinglich hoch wurden. Da baute die britische Schiffahrtsgesellschaft eine Anzahl großer Dampfer, die alle Fracht um Kap Horn herum nahmen — die Bahn hatte das Nachsehen. Gleichzeitig weigerten sich die Herren in der Landeshauptstadt Bogota, ihr die bald ablaufende Gerechtsame zu erneuern. Und um das Unheil voll zu machen, mußte auch gerade in diesem Jahre der Schienenstrang der Union Pacific= und der Central Pacific=Bahn vollendet werden. Jetzt fiel sie vollends in die Hände eines Russell Sage und einer Spekulantengruppe. Die sogen sie aus und ließen alles verkommen. Als nun Lesseps von Colombia die Gerechtsame zum Bau eines Panama=Kanals erhalten hatte, konnte er die Eisenbahn, die so herrliche Tage gesehen hatte, jetzt aber ganz auf den Hund gekommen war, für ein geringes Geld aufkaufen.

Die französische Gesellschaft tat indes sehr wenig, sie wieder gut in stand zu bringen. Als daher die Vereinigten Staaten 1904 die Rechte dieser verkrachten Gesellschaft aufkauften, kamen sie auch in den Besitz der alten Panama=Eisenbahn. Dadurch ist die Panama=Bahn die erste Regierungs=Eisenbahn unseres Landes geworden.

Heute ist sie vollständig von einem Ende bis zum andern neu gebaut und neu ausgestattet. In dem mit dem 30. Juni 1910 beendeten Rechnungsjahre betrugen ihre Bau= und Verwaltungskosten $4,358,426.92, ihre Einnahmen aber beliefen sich auf $6,100,788.83, so daß sie einen Ueberschuß von fast zwei Millionen der Bundeskasse zuführte. Und die Dampferlinie von Colon nach New York, die der Bahn und somit der Regierung auch gehört, warf in derselben Zeit über $150,000 Reingewinn ab. Man glaubt allgemein, daß die Bahneinnahmen nach Vollendung des Kanals nur noch größere sein werden, und das Beispiel dieser Bahn wird jetzt häufig dafür ins Feld geführt, wenn von einer Uebernahme der Eisenbahnen durch die Bundesregierung die Rede ist.

⁂

Der Culebra Einschnitt zwischen Contractor's Hill und Gold Hill. Noch 15 Fuß auszuführen, im Juni 1911.

5. Die Städte Colon und Panama.

So viele kleine Ortschaften und Ansieblungen es auch längs der Strecke des Panama=Kanals und der Panama=Eisenbahn gibt, so gibt es doch nur zwei Städte, die vor allen nennenswert sind: die östliche und die westliche Hafenstadt, Colon und Panama. Beide liegen außerhalb der Kanalzone, aber weil beide als Städte die eigentlichen Torwege für den Kanal wie für die Bahn sind, hat es doch die Regierung der Vereinigten Staaten durchzusetzen vermocht, daß hier das Werk der Sanierung in vollem Umfange Platz greifen mußte. Beide sind daher in gesundheitlicher Hinsicht heute ganz moderne, saubere Stadtgebiete.

In Colon ist zwar sonst nicht viel Sehenswertes. Es gibt Dutzende von Städten längs der mittelamerikanischen Küste, die ebenso unansehnlich sind. Die Limon=Bai mit ihren Gestaden ist großartig schön, doch Colon hat in gesundheitlicher Beziehung heute unendlich viel vor allen diesen ihren Rivalinnen voraus, — aber Sehenswürdigkeiten für den Touristen gibt es wenige.

Eine breite, gut gepflasterte Geschäftsstraße ist die Hauptstraße der Stadt, die sich am Ufer hinzieht mit vielen großen Werften an der Seeseite. Ein gewaltiger Hafendamm bringt weit hinaus ins Meer vor und schützt die Einfahrt zum Kanal. Das Versandgeschäft der Stadt ist ein immenses. Schon heute sieht man deutsche, englische, französische und amerikanische Dampfer und Segler regelmäßig an diesen Werften anlegen, ja es ist kaum zu bezweifeln, daß irgend eine Flagge zur See weht, deren Vertreter nicht bisweilen bei Colon vor Anker gehen. Der Frachtverkehr von und nach der Pacific=Seite ist schon jetzt ein ungeheurer und bringt ein reges Leben mit sich.

Das sieht man auch sofort auf der andern Straßenseite: da finden sich genügend Gelegenheiten, Geld loszuwerden. Es mangelt nicht an Wirtschaften, Postkartenbuden, Kuriositätenhandlungen, Lotterien u. dgl. Bald hier bald dort ertönt „Orchestermusik" aus einer Halle, und auch ein „Palmengarten" ist vorhanden.

An dem ganzen Handel der Stadt haben die Eingeborenen des Isthmus wenig Anteil. Der Panamaner, mag er nun als ein „Gentleman" auftreten in feinem weißen Linnen, oder mag er als ein armer Peon in abgetragenen „Overalls" stecken, sitzt gewöhnlich stumpfsinnig im Schatten eines Palmbaums oder auf einer Warenkiste und beob=

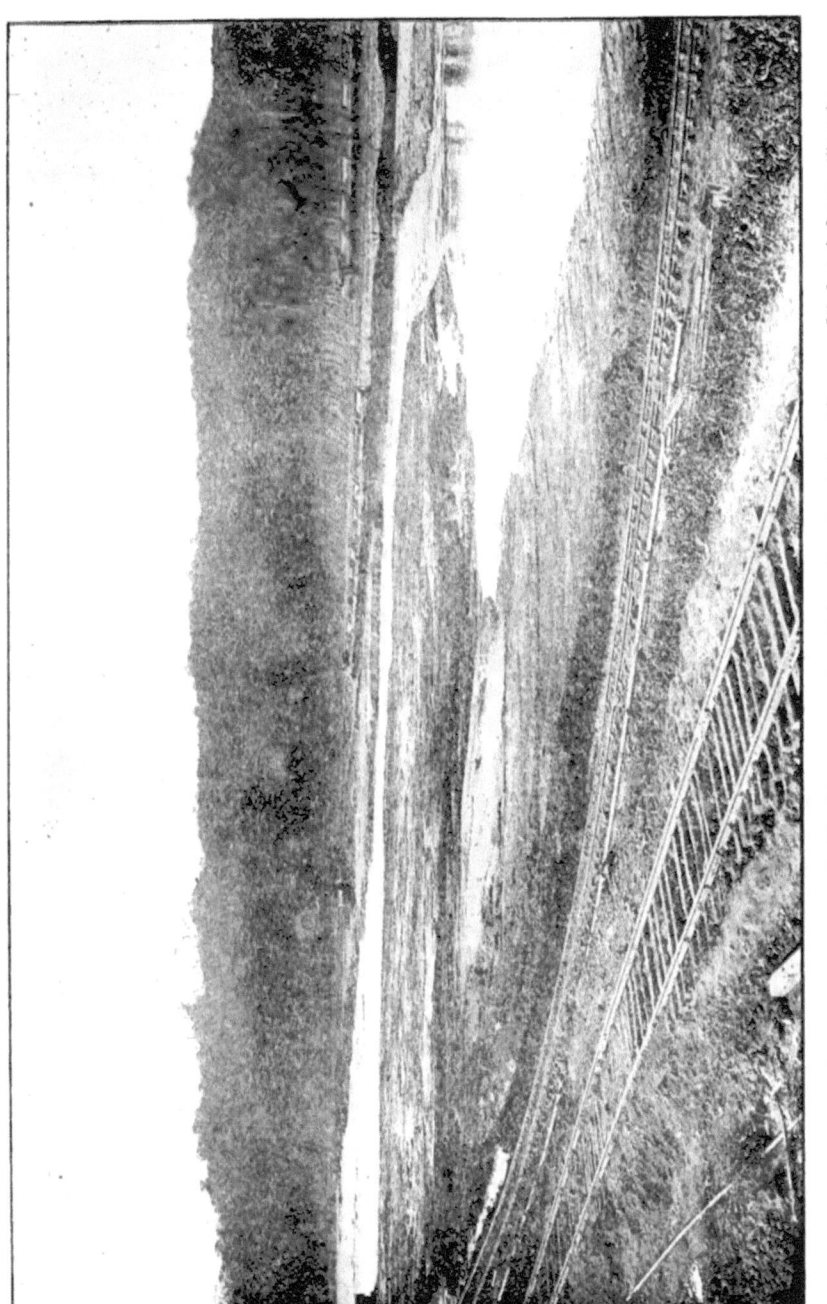

Ausgrabungsarbeiten am Kanal und Begleitwannen der Erdmaßen durch den Chagres Fluß bei Juan Grande.

achtet schläfrig das eifrige Getriebe des modernen Verkehrs und bewundert so im stillen lauter Waren, die im Auslande erzeugt wurden, in ausländischen Kielen kommen und gehen, von fremden Arbeiterscharen gehandhabt werden, auf eine amerikanische Eisenbahn verladen werden, ja, in Bälde auf einem amerikanischen Kanal von Ozean zu Ozean durchreisen. Von den Millionen von Dollars, Pfunden Sterling, Francs und Mark, die durch sein Land gehen, erhält er nichts, und das Wenige, das im Transport hier hangen bleibt, bekommt der Yankee-Bierwirt oder der chinesische Krämer.

Ein einziges bescheidenes, unansehnliches Denkmal der Stadt, an das sich aber doch ein historisches Interesse knüpft, ist das schlichte Monument, das hier den ersten Urhebern der Panama-Eisenbahn errichtet wurde. Einen gefälligen Eindruck macht auch die kleine alte Steinkirche in vorstädtisch gotischem Stile, die hier seiner Zeit für die Erbauer und Angestellten der Bahn gebaut wurde, aber das Fehlen des Efeus, den man sonst so gewohnterweise solche Steinbauten umstricken sieht, verleiht dem Bau doch ein recht kahles Aussehen. Efeu wächst nämlich hier in den Tropen nicht. Einen wundervollen, unvergeßlichen Ausblick auf das Meer und den Strand genießt aber der Reisende von der hohen Veranda des Washington-Hotels aus. Der grüne Strand, an dem lange Reihen von Kokospalmen wie ebensoviele getreue Wächter stehen, und die bonnernde, gischtspritzende Brandung, dahinter das endlose, blaue Meer, auf dem die Schiffe und Segel sich wiegen, — das ist ein malerisch schönes, höchst genußreiches Bild. Die Kokospalme ist um Colon her eine auffallend häufige Erscheinung, und sie ist ein überaus lieblicher und lohnender Baum der Tropen. Ihr Hauptreiz liegt in ihrer ganz individuellen Eigenart. Selbst in einem Kokoshain sind keine zwei Bäume überein gewachsen, sondern jeder einzelne ist eine Figur für sich, als wolle und müsse er seine eigene Persönlichkeit sich wahren. Jeder Baum hat seine besondere Richtung und Neigung, im Winde sogar seine eigenartige Schwingung. Und doch scheinen am Ufer alle in Reihe und Glied zu stehen, und es gibt kaum einen Baum, dessen ganze Erscheinung so harmonisch zum majestätischen Bilde der See paßt.

Viel schöner als Colon ist die amerikanische Vorstadt Cristobal, wo die Regierung der Vereinigten Staaten ihre großen Proviantlager für die Heere von Beamten und Arbeitern, die am Kanal, am Kanalbau und in der Kanalzone angestellt sind, angelegt hat. Doch dieser Vor-

Ein „Trestle Dump" über dem Chagres-Fluffe, nahe Gorgona, wo der Fluß die ausgegrabenen Erdmassen einfach fortschwemmte.

stadt und diesen ihren Anstalten müssen wir späterhin noch einen ganz besonderen Besuch abstatten.

Die Stadt Panama — am andern Ende des Kontinents, nur zwei Stunden Fahrt entfernt, — ist in jeder Beziehung viel bedeutender als Colon. Nahe der Bahnstation zieht sich allerdings auch die Hauptgeschäftsstraße hin, die wohl etwas an das Leben und Treiben in der Schwesterstadt erinnert. Sobald der Reisende aber weiter kommt, gewahrt er immer mehr, daß er eine wirkliche, teils altspanische, teils aber neuzeitlich amerikanische Stadt vor sich hat. Bald zur Linken erblickt er das alte Landtor, wo in vergangenen Tagen ein Wallgraben und eine Zugbrücke sich befanden, und da steht auch noch ein uraltes Bauwerk der Stadt, die Kirche Nuestra Senora de la Merced, die zu Ende des 17. Jahrhunderts erbaut wurde und die zweitälteste Kirche der Stadt ist. Aber wie hübsch sind alle Straßen gepflastert und wie sauber ist ihr Zustand! Hier haben die Amerikaner ihr Meisterwerk vollbracht. Sämtliche Straßen sind gradiert, gerade gelegt und gepflastert worden, und zahlreiche Hütten und Baracken, die wahre Krankheitsherde waren, wurden niedergerissen und durch Neubauten ersetzt. Doch die interessantesten krummen Straßen und historischen, romantischen Bauwerke sind selbstverständlich erhalten geblieben.

Wohl ganz natürlich wird der Besucher zunächst einmal die älteren Stadtteile sehen wollen. Er begibt sich daher recht bald zu der alten „Seemauer", die in der Tat ein sehenswürdiges, historisches Stück der Stadt ist. Wie wundersam blicken diese alten, ehrwürdigen Festungswerke in die Neuzeit hinein! Nichts verstanden die alten Spanier in ihrer Kolonialzeit so gut, wie Festungen anzulegen, und es wird erzählt, diese Bauten hätten so viel Geld verschlungen, daß der spanische König erklärt habe, sie müßten bald von seinem Palaste in Madrid aus zu sehen sein. Wenn nun die Flut hereinströmt, die hier 20 Fuß anschwillt, so bespülen die Wellen den Fuß der alten Festungsmauer, auf der eine breite, solide Promenade angelegt ist, über die nach beiden Seiten hin eine Brüstung emporragt. Das ist ein herrlicher, idealer Spazierweg in der Abendkühle. Der Abend ist überhaupt die Zeit zum Luftschöpfen in den Tropen. Gerade bei Sonnenuntergang, wenn die rotglühende Kugel fern im Wellengrabe untertauchen will, eilt alles, was Beine hat in Panama, auf diese Promenade hinaus. Aber auch in der Vollmondnacht ist es hier bezaubernd schön, und der Be=

Eine verunglückte Dampfschaufel nahe Gold Hill, 1. Juli 1911.

sucher trägt ein Bild in der Erinnerung davon, das ihm nie erlöschen wird. Ja, selbst wenn der Mond nicht scheint, wenn der südliche Sternhimmel in all seiner Pracht erglänzt, zumal das südliche Kreuz hell aufleuchtet, dann scheinen diese Himmelskörper so nahe und so blendend, daß man schier glaubt, sie versengen die Menschen und die Natur.

Tritt man aber auf der Promenade allzu festen Schrittes auf, so hören die Gefangenen unten in ihren Zellen die Fußtritte, denn man hat hier zugleich das Angenehme mit dem Nützlichen verbunden und unter der Promenade das Gefängnis angelegt. Zur Landseite hin blickt man sogar hinab in den Vorhof des Gefängnisses. Aber seewärts welch ein überwältigender Anblick! O, wie ist doch der majestätische Pacific so blau, ungleich blauer als der Atlantische Ozean!

Die Küste hinauf zur Rechten schaut das Auge das malerische Balboa mit der Mündung des Kanals. Es ist ein reges, rauchiges Nestchen, der Anlegeplatz vieler Schleppdampfer, Bagger und Küstenfahrer. Aber davor liegen die wundervollen Eilande Naos, Flemengo und Culebra, die alle drei von unserer Regierung stark befestigt werden sollen. Weiterhin liegt die noch größere und hübschere Insel Taboga lang hingestreckt als Außenposten. Sie alle überragt und beherrscht der dicht hinter der Stadt liegende, hohe Ancon Hill, ein uralter vulkanischer Kegel, der gleichfalls aufs stärkste befestigt werden wird.

Nach Osten hin, zur Linken, türmen sich die Spitzen der Kordilleren oder Anden, die hier auf dem Isthmus freilich kaum ahnen lassen, bis zu welchen schwindelnden Höhen diese Bergkette am Aequator und südlich vom Aequator sich emporschwingt, und die der Panama=Kanal gerade an ihrer allerniedrigsten Stelle durchbohrt hat. Bei klarem Wetter kann man sehr weit nach beiden Richtungen hin den Höhenzug mit dem Auge verfolgen.

Die Küste, abwechselnd blendend weißer Sand und buschiges Sumpfland, bildet einen großen Halbkreis um die Panama=Bai bis zum Kap Brava und den Perlinseln. Hier an dieser Bucht war es, wo Balboa und seine Spanier zuallererst den Großen Ozean erblickten.

Von der alten Seemauer aus kann man auch, wenn es sehr helles Wetter ist, ganz gut die Stelle erblicken, wo Alt=Panama, die erste Stadt dieses Namens, stand. Ein altehrwürdiger, verwitterter Turm, der, wie es heißt, der Turm der Kirche des Sankt Anastasius war, blickt düster zu uns herüber. Kein Reisender wird es versäumen, nach dieser historischen Stätte hin einen Abstecher zu machen.

Die Turmruine von Alt-Panama.

Etwa sechs Meilen von der Hauptstadt der neuen Isthmus-Republik ragt auf einem Trümmerfelde dieser verwitterte, rankenbekrönte, uralte Turm empor. Hier stand einst Alt-Panama, die ursprüngliche Stadt Panama.

Es muß eine ganz ansehnliche Stadt gewesen sein, denn noch heute, nach mehr als zwei Jahrhunderten der Verödung, zeugen ihre Ruinen deutlich von entschwundener Pracht. Schon im Jahre 1517 — dem Jahre der Thesen Luthers und ein Vierteljahrhundert nach der Entdeckung der Neuen Welt durch Kolumbus — war es, daß hier der Ort Panama gegründet wurde, den dann vier Jahre später ein Befehl des Königs von Spanien zur Würde einer Stadt erhob. Im Jahre 1524 war Panama bereits eine lebhafte Handelsstadt, denn es wird berichtet, daß zwischen der Stadt und der atlantischen Küste — also über die ganze Breite des Isthmus hin — ein bedeutender Verkehr unterhalten wurde. Dieser Handelsverkehr wurde von der atlantischen Seite aus durch Schiffahrt auf dem Chagres-Flusse bis zum heutigen Städtchen Cruces vermittelt, und von Alt-Panama her wurden allerlei Waren mittels Fuhrwerks über eine steinbelegte Straße transportiert, von der heute noch eine alte, nahe der Turmruine gelegene Steinbrücke, die natürlich von den meisten Reisenden gleichfalls aufgesucht wird, der letzte Rest ist.

Das Jahr 1671 brachte Alt-Panama ein Ende mit Schrecken. In diesem Jahre stürmten Sir Henry Morgan und seine Freibeuter (die „Buccaneers"), unterstützt von den Indianern, die längst von unversöhnlichem Hasse gegen die Spanier erfüllt waren, die Stadt und zerstörten sie. Dieser Ueberfall und diese blinde Zerstörungswut aber brachten die neue Stadt Panama hervor; denn die verjagten Einwohner flohen in Angst und Schrecken die Küste entlang bis auf die vulkanische Anhöhe, wo die heutige Stadt steht, und legten dann dort das Panama an, von dem die Welt heute Kenntnis hat.

Alt-Panama ist seitdem ein wildverwachsenes, aber interessantes Ruinenfeld. Morgans Freibeuter plünderten die Stadt, legten die Brandfackel überall an und hinterließen einen großen Trümmerhaufen, aus dem heute, nach mehr als zwei Jahrhunderten, nur noch dieser hohe, viereckige Sankt Anastasius-Turm emporragt, der in den unteren drei Stockwerken mit je einem Fenster zu jeder Seite, im Oberbau mit je drei Bogenfenstern auf jeder Seite geziert ist. Niemand weiß genau, wie alt dieses Bauwerk ist. Alte Ansiedler wissen sich noch eines an-

Neues Bahnbett der Panama-Bahn am Pedro Miguel-Fluß.

dern Namens zu erinnern, nämlich Domingo, den dieser Turm auch geführt haben soll, und manche Geschichtschreiber behaupten, man wisse gar nicht mehr, welchem Zwecke er eigentlich gedient habe. Wildes Gestrüpp umgibt ihn und wuchert, wie über das ganze städtische Ruinenfeld hin, auch sogar aus der hohen Turmspitze hervor.

Die neue Stadt besitzt eine entschieden bessere Lage als die alte. Das heutige Panama, ursprünglich eine enge, schmutzige, ungesunde Stadt, heute aber in ganz erstaunlicher Weise verschönert und verbessert, vor allen Dingen zu einer reinen und gesunden Stadt gemacht, liegt an der zugänglichsten Küstenstelle und hoch genug für alle Zwecke der Drainierung, während von höherer Stelle aus — dem Ancon-Berge — eine gute Zufuhr gesunden Wassers eine Leichtigkeit war.

Alt-Panama dagegen war an niedrigem, sumpfigem, unwirtlichem und unzugänglichem Orte angelegt, — sie, die erste bedeutendere Stadt auf der westlichen Erdhälfte und jahrelang der Sitz der spanischen Macht.

Auch das heutige Panama hat etliche sehr alte Bauten aufzuweisen; vor allen die Kathedrale, die, in der Mitte der Stadt an der schattigen Kathedral-Plaza gelegen, in altspanischem Baustile im Jahre 1760 aus einem weichen gelben Stein aufgeführt worden ist, jedoch ebensowenig einen imposanten Eindruck macht wie das alte unschöne Regierungsgebäude oder die alte Stadthalle, der Kabildo-Palast. Hübsche Bauten haben die alten Spanier in ganz Amerika überhaupt nur sehr wenige aufgeführt. Was sie von Architektur wußten, hatten sie in der Heimat vornehmlich von den Mauren gelernt, aber in der Neuen Welt scheinen sie diese Kenntnisse ganz vergessen oder nicht Lust und Zeit gehabt zu haben, sie zu verwerten.

Besondere Erwähnung verdient die Ruine der alten Kirche San Domingo. Niemand scheint auch hier zu wissen, wie alt dieser Bau ist, doch soll die Kirche schon vor 200 Jahren errichtet und die Nacht vor ihrer Einweihung durch Feuer zerstört worden sein. Sie gilt heute auf dem Isthmus neben jener alten Turmruine von Alt-Panama als ein wahres Weltwunder, denn alles, was von dem Bau seit Jahrhunderten sieht, ist ein flacher, 70 Fuß langer, frei und ohne Mittelstützen schwebender, aus Backsteinen erbauter Toreingang, der sich etwa bis zu 40 Fuß vom Boden erhebt. Architekten haben diesen flachen Türeingang untersucht und studiert und sie wundern sich, wie er sich ohne Kurve und ohne Stütze, nur auf den Eckpfeilern ruhend, so lange hat halten kön=

Die Pedro Miguel-Schleusen, nach Norden zu, am 13. Juni 1910.

nen und weshalb er überhaupt in dieser Form aus Backsteinen konstruiert worden sein mag.

Man erzählt sich von dem großen merkwürdigen Tore dieser alten besterhaltenen Kirchenruine eine hübsche Geschichte. Die Dominikanermönche sollen selber den Plan der Kirche angefertigt und sie auch selber erbaut haben. Der Fronteingang, über dem das Chor der Orgel angebracht werden sollte, machte ihnen zu schaffen: er fiel ein, sobald die Stützen darunter fortgenommen worden waren. Wieder bauten sie ihn auf, wieder stürzte er ein. Das Ding passierte ihnen sogar zum drittenmal. Nun kamen sie zu der Ansicht, mit ihrem Bauplan müsse doch etwas nicht in Richtigkeit sein. Da trat einer der Mönche, der weder ein Ingenieur noch ein Architekt war, vor und erzählte den Brüdern, er habe einen Traum gehabt, in dem Traume habe er einen genauen Bauplan für dieses Tor empfangen, und diesen Plan wolle er jetzt vorlegen und ihn auch ausführen, der Eingang werde nicht wieder einstürzen. Gesagt, getan; nachdem der Eingang zum viertenmal vollendet worden und man eben im Begriff war, die temporären Stützen darunter wegzunehmen, stellte sich der neue Baumeister mitten in den Eingang, gerade unter das frische Mauerwerk, mit gefalteten Armen und wagte sein Leben auf diese seine Eingebung. Das Mauerwerk stand! Ein wundervoller Eingang ist es unbedingt, — so wundersam die Mär seiner Erbauung auch klingen mag. Er ist nämlich beinahe ganz flach, aus Backsteinen ohne Stütze, und trägt doch ein schweres Orgelchor. Einen ähnlichen Eingang, jedoch etwas mehr geschwungen, hat man auch in der San Francisco-Kirche der Stadt später nachgeahmt. San Domingo, wie auch der größte Teil der Stadt, wurde im Jahre 1737 durch einen Brand verwüstet, so daß nichts als die Mauern und dieser eigenartige Türeingang übrig geblieben sind, die man heute noch sieht.

Uebrigens haben sowohl diese alte Kirchruine als auch jene alte Turmruine beim Vermessen, Planen und Erbauen des Panama-Kanals unzählig oft ein gewichtiges Wörtlein mitgesprochen. Sobald nämlich die Frage auftauchte, ob nicht ein Erdbeben den ganzen Kanal einmal werde zerstören können, wiesen die Eingeborenen immer mit dem Finger hin auf diese zwei uralten Bauwerke, die jahrhundertelang dem Zahne der Zeit Trotz geboten haben, zumal der flache, ungestützte Toreingang beweise, wie fest und ruhig der Boden Panamas sei. Die Geologen, Vermesser und Ingenieure sind denn auch nach genauen Un-

Die Pedro Miguel Schleusen, Ostkammer, am 15. Juli 1911.

tersuchungen des Terrains zu der Ueberzeugung gelangt, daß keine Erdbebengefahr Onkel Sam vom Bau der Wasserstraße abschrecken durfte.

Aber Panama wird den Besuchern und Seefahrern nach Vollendung des Isthmus=Durchstichs noch etliche weitere althistorische Sehenswürdigkeiten näher bringen und zur Besichtigung darbieten.

Auch die Kathedrale ist, wie schon gesagt, ein über 150 Jahre altes Bauwerk. Sie wurde von dem damaligen Bischof von Panama, dessen Vater, ein befreiter Negersklave, auf dem Ancon=Hügel Holzkohle brannte und sie, den Sack auf dem Rücken, auf den Straßen Panamas verkaufte, aus Privatmitteln erbaut. Die Diözese Panama ist die älteste des Kontinents. Die erste Kirche des ganzen Sprengels wurde freilich auf der atlantischen Seite des Isthmus errichtet und trug den Namen Santa Maria de la Antiqua del Darien. Der Sitz des Bistums wurde indes sehr bald nach Alt=Panama verlegt, und von der ersten Niederlassung findet sich keine Spur mehr. Dieser Bischof aber, der Erbauer der Kathedrale von Panama, war übrigens auch der erste katholische Negerbischof in Amerika und wahrscheinlich überhaupt der erste eingeborene „Kirchenfürst", der die Mitra (Bischofsmütze) trug.

Erst aus einiger Entfernung sehen wir, was an diesem alten Bau das Bewundernswerteste ist. Die beiden Türme der Kathedrale sind nämlich mit Perlmutterschalen bedeckt. Nächst dem Golde, das einst aus Peru hier in die Stadt Panama hereinfloß, war die Perlenfischerei bei den Inseln der nahen San Miguel=Bai der lohnendste Erwerbszweig Panamas. Die Dächer der beiden Kirchtürme wurden mit rotem Zement bedeckt und in diesen Perlmutterschalen dicht an dicht hineingelegt. Wie sie glitzern im hellen Sonnenlichte! Tritt nach einem Regenguß die Sonne aus den Wolken hervor und schießt ihre feurigen Pfeile auf diese Muscheltürme, so leuchten sie meilenweit wie eine gewaltige Masse von Juwelen, selbst die Schiffer weit auf dem Meere sehen diese leuchtenden Türme, und sie gelten ihnen als Merkzeichen ihrer Fahrt.

In dieser alten Kathedrale soll vormals eine echte Madonna von Murillo gehangen haben. Wo das Gemälde aber hingekommen ist, weiß heute kein Mensch. So viel ist gewiß: das Bistum Panama war einst eins der reichsten der ganzen Welt. Schwere Gold= und Silberbarren und die köstlichsten Perlen wurden von dem Abenteurervolke dieser Kirche gestiftet.

Die Pedro Miguel-Schleusen, Westkammer, mit Torbrücke, im Juni 1911.

Doch das allerälteste Bauwerk der Stadt — auch eine Kirche — haben wir noch nicht genannt. Es ist die San Felipe Neri=Kirche, nahe der Plaza Bolivar. Der Grundstein an ihrem Eingangstore trägt die Jahreszahl 1688. Von ihrem Aeußern sieht der auf den Straßen einherwandernde Besucher nichts — es ist nämlich eine Mädchenschule rings um sie her gebaut. Aber sie ist der Besichtigung wert, denn sie zeigt uns deutlich, daß die Spanier nicht nur ihre Festungen stark bauten, wie das alte Fort San Felipe an der Seemauer und das alte Fort La Merced an dem Landtore mit ihren Ruinenresten noch heute beweisen, sondern daß sie in den stürmischen Tagen der Abenteurer, „Buccaneers" und des Raubgesindels „auf Gott vertrauten, aber auch ihre Kirchen als Festungen erbauten," nämlich mit dicken Wällen und Schießscharten.

Und noch eine alte Kirche, auch an der Plaza Bolivar, fesselt das Auge. Es ist die im Jahre 1740 vollendete San Francisco=Kirche, die seither nur wenig restauriert worden und heute vielleicht mehr als jede andere ihrer ursprünglichen Gestalt treu erhalten geblieben ist. Nebenan lagen ein Mönchs= und ein Nonnenkloster, doch beide sind niedergerissen worden, bis auf einen Teil des an die Kirche anschließenden Mönchsklosters, der umgebaut und in das LaSalle=College umgewandelt wurde.

Wenn der Reisende nun noch das alte Jesuiten=College, das 1737 auch durch den Brand der Stadt zerstört und das heute fast ganz niedergerissen und zum Teil von andern Gebäuden umbaut worden ist, sowie die kleine San Jose=Kirche an dem westlichen Ende der Seemauer und die etwas größere Santa Ana=Kirche außerhalb des alten Wallgrabens, die ein Graf de Santa Ana als Bezahlung eines Gelübdes gebaut haben soll und die ganz kostbare, aus getriebenem Silber hergestellte, über 200 Jahre alte Abendmahlsgeräte — verfertigt aus Beutestücken von Pizarros Perufahrt — besitzt, gesehen hat, dann hat er so ziemlich die historischen Denkwürdigkeiten der alten, neu aufblühenden Stadt Panama geschaut. Unsere Bilder zeigen dem Leser die denkwürdigsten dieser Stätten.

Eine neu auflebende Stadt wie Panama, die jetzt zu einem Welttore wird, hat, gerade auch infolge des Kanals, an dessen Bau 35,000 bis 40,000 Arbeiter tätig sind, in sittlicher Beziehung ihre Nachtseiten, wo fragwürdigen Vergnügungen, dem Laster und dem Spielteufel gefrönt wird. In fast allen spanischamerikanischen Län=

Die Pedro Miguel-Schleusen, das untere Ende mit den Tunnelbauten, im Januar 1911.

dern wird das „Gämbeln" offen betrieben, und Lotterien sind Staatseinrichtungen, die eine Regierungs-Gerechtsame besitzen und von deren Einnahmen sogar ein Teil der öffentlichen Wohltätigkeit zufließt. Hier in Panama mietet die Lotterie ihre Quartiere vom Bischof, sie befinden sich sogar im ersten Stockwerk der bischöflichen Residenz! In den „Poker Rooms" wird Tag und Nacht gespielt, und von jedem Spiele fällt dem Hausbesitzer $15 in Gold die Stunde zu als sein Anteil am Gewinn.

Großartig, mit ungeheurem Aufwand wird alljährlich der Karneval in Panama begangen. Die Festlichkeiten dauern vier Tage lang. Die Jünglinge reiten in übertrieben prunkendem Wichs zu Pferde, ihre Schwestern in den elegantesten Kleidern fahren in Karossen. Das Konfetti fliegt Tag und Nacht so dicht, daß man es tagelang nicht aus Zeug und Haaren herausbringt, und liegt schließlich scheffelhoch zusammengekehrt auf den Straßen, von wo es dann in Karren weggeschafft werden muß.

Viel schöner sind die öffentlichen Konzerte, die jeden Sonntagabend auf der Kathedral-Plaza stattfinden und zu denen die Bewohnerschaft in hellen Scharen herbeiströmt.

Aber die Neustadt ist schön! Da finden sich elegante Wohnungen, große Geschäfte, breite Straßen, und an Beleuchtung, Drainierung und gesundheitlichen Einrichtungen ist alles mustergiltig. Zumal die amerikanische Ansiedlung auf den Abhängen des Ancon Hill ist ein entzückender Stadtteil. Die Straßen haben hier keine Namen und die Wohnhäuser keine Hausnummern, sondern das Ganze ist ein in Terrassen ausgelegter Garten mit einladend hübschen Häusern rings um das große Administrations-Gebäude, wo der Gouverneur der Kanalzone und die Kanalkommission ihre Amtsquartiere haben. Hier befindet sich auch das schon von den Franzosen erbaute, von den Amerikanern erweiterte und verbesserte Ancon-Hospital, das Hauptspital der ganzen Zone, und ein großes, sehr geräumiges Hotel, Tivoli genannt, das der amerikanischen Regierung gehört und von dem Kriegs-Departement (!) — das Kriegs-Departement der Vereinigten Staaten hat ja manches auf dem Kerbholz und „machte" z. B. früher auch das Wetter! — verwaltet wird. Es wurde zu dem Zwecke gebaut, allen Amerikanern, die am Kanal beschäftigt sind, als Geselligkeitszentrum zu dienen, und ihnen wird da für alles nur halb so viel abverlangt wie den absteigenden Touristen.

Die Pedro Miguel-Schleusen, das östliche Ende, im Juli 1911.

Beim Tivoli kann der Kanalbesucher eine seltsame kleine Kutsche besteigen, die ihn für 10 Cents irgendwohin in die Stadt Panama bringt. Und macht er von hier, von dem amerikanischen, ganz neuzeitlichen Ancon aus eine Fahrt in die älteren Teile der Stadt, dann erscheint ihm Panama mit seinen Häusern, die drei Fuß dicke Mauern, ganz schmale Fensterlöcher und dicke, starke Läden davor haben, mit seinen festungsartigen Kirchen, deren Schießscharten noch heute bedeutsam dreinblicken und die auch überdies sämtlich mit der Kathedrale in der Mitte der Stadt durch unterirdische Gänge in Verbindung stehen, als eine mittelalterliche Stadt, deren Wälle denn auch vor noch nicht fünfzig Jahren niedergelegt worden sind. Unwillkürlich vermeint man des Nachts in den engen, zumal in den krummen engen Straßen des alten Stadtteils beim leisesten Geräusch das Waffenklirren der Hellebardiere zu vernehmen oder die huschende Gestalt des maskierten Banditen zu erblicken, bis man, genauer zuhörend, selbst aus der antiksten Wohnung heraus das Gekrächze eines billigen Phonographen vernimmt, der einige „American Popular Songs" vom zweitvorletzten Jahre mühselig und lendenlahm abbrischt. Nein, die einzigen Bewaffneten, die man in Panama antrifft, sind die höchstens 4½ Fuß großen, aber doch mit Autorität bewußtvoll einherschreitenden eingeborenen Polizisten.

Die Polizei auf der amerikanischen Seite der Zonenlinie weist ganz andere Gestalten auf: hohe, gebräunte Soldaten der Vereinigten Staaten Kavallerie, in schmucker Khaki=Uniform. Diese berittenen Truppen sind es, die das Brigantentum überall auf dem Isthmus sehr schnell zu „einer verlorenen Kunst" gemacht und den Panamanern es beigebracht haben, mit dem Wahlzettel statt mit Dolch und Gewehr voranzugehen. Zweihundert dieser flinken, tüchtigen, militärisch geschulten Konstabler, die der kanadischen „Mounted Police" des Nordwestgebietes sehr ähnlich sind, halten heute auf den 400 Quadratmeilen der Kanalzone so gut Ruhe und Ordnung, wie die Ortspolizei in irgend einem Städtchen der Vereinigten Staaten.

Als Handelsstadt übertrifft die Stadt Panama ihre östliche Schwester Colon ganz bedeutend. Panama ist der Centralmarkt des ganzen Isthmus für alle Produkte des Landes, ausgenommen allein Bananen, und ist auch wieder die Verteilungsstelle aller Waren für die ganze Landenge und Republik. Aber auch hier haben die Eingeborenen, wie in Colon, wenig Anteil am Geschäft. Verschiedene deutsche

Die Arbeiten am Bett und Mittelteil der Pedro Miguel Schleusen, am 29. März 1911.

Firmen dagegen, deren Familien alteingesessen und Bürger der Republik sind, dazu einige jüdische Firmen beherrschen neben den großen chinesischen Kaufleuten den Haupthandel und das Bankgeschäft. Einige wenige Eingeborene betreiben einen Grundeigentums- und Tauschhandel, diesen vornehmlich mit den Indianern. Im ganzen genommen schwärmt der Panamaner mit nichten für Arbeit. Politik und Diplomatie sagen ihm besser zu. Von den $10,000,000, welche Amerika für die Kanalgerechtsame zahlte, und den $250,000 jährlicher Kanalrente sollte die kleine Republik wohl auch ganz gut leben können. Aber weil doch zwei Parteien vorhanden sind, so ist, wenn die eine drin ist, die andere draußen. Gegenwärtig sind die Liberalen am Ruder, so haben die Konservativen — „keine Arbeit".

Kein Amerikaner kann die Städte Colon und Panama besuchen, ohne ein patriotisches Gefühl des Stolzes zu verspüren über die vorzüglichen Leistungen, die unser Sanitätsdienst hier vollbracht hat. Noch vor wenigen Jahren galten diese beiden Städte für die schlimmsten Pestbeulen Mittelamerikas. Hier haben die Amerikaner ausgezeichnete Abzugsleitungen, große Wasserwerke und Wasserleitungen angelegt, alle Häuser mit Hydranten und Badezimmern versehen, die Straßen gepflastert, telegraphischen und telephonischen Dienst eingerichtet und in beiden Häfen und längs des ganzen Kanals einen so wirksamen Quarantänedienst eingeführt, daß die vormaligen Fieber- und Choleragefahren des Isthmus geschwunden sind. In der Tat, es gibt heute wenige Orte in den Vereinigten Staaten, die dem berühmten „Spotleß Town" so nahe kommen wie diese beiden Tropenstädte, Colon und Panama.

Die Stadt Panama zählte vor neun Jahren nur 12,000 Einwohner, heute hat sie eine Einwohnerschaft von 35,000, und man erwartet, daß sich die Ziffer bis 1915 auf 50,000 erhöhen werde. Die Stadt Colon hatte, als die Vereinigten Staaten die Kanalzone erwarben, nur 5,000 Einwohner, heute wohnen dort (im ehemaligen Aspinwall) 17,000 Menschen.

※ ※ ※

Die ersten Arbeiten an den Miraflores-Schleusen, 13. Oktober 1910.

6. Die Panamaner.

Die eigentlichen Bewohner des Isthmus, die Bevölkerung der jungen Republik Panama, — die Panamaner — müssen wir uns nun doch auch noch etwas näher ansehen.

Um es gleich zu sagen: — es ist durchaus nicht ausgeschlossen, daß Onkel Sam mit diesen spanischen Abkömmlingen und Mischlingen, die schon so viele Revolutionen auf ihrem heißen Boden durchgemacht haben, auch noch einmal Arbeit bekommt. Das deutete ein ernster Krawall am 4. Juli dieses Jahres in der Stadt Panama an.

Die amerikanische Bevölkerung der Kanalzone hatte auf dem Ancon Hill die größte Feier des glorreichen Tages veranstaltet, die bis jetzt auf der Neubesitzung Onkel Sams gehalten worden war. Aber die schönen Festlichkeiten wurden sehr getrübt, als am Abend eine Schlägerei zwischen der Polizei der Stadt Panama und einer Truppe amerikanischer Marinesoldaten ausbrach, wobei ein Soldat getötet und sechs schwer verwundet wurden, während die Panama-Polizei gleichfalls sechs schwer Verwundete zählte. Es war ein resolutes Eingreifen des amerikanischen Gouverneurs der Zone mit starker Truppenmacht nötig, die Panama-Polizei auf ihr Gebiet zurückzuweisen, die den Angriff, wie es heißt, aus politischem Hasse unternommen hatte.

In der Stadt Panama waren nämlich gerade die Munizipalwahlen abgehalten worden, und weil dort die Anhänger der beiden reichsten und angesehensten Familien, der Porras- und der Arosemena-Partei, einander stets gegenüberstehen, so veranstalteten die Freunde des siegreichen Porras-Kandidaten eine solche ungeheure Demonstration, daß sie zugleich für die Nationalwahl der Republik am 14. Juli die Niederlage der Arosemena-Partei andeuten sollte. Diese aber erhob sofort die Anschuldigung, der amerikanische Einfluß sei zu gunsten der Gegner in die Wagschale geworfen worden.

Das heiße Geblüt der Panamaner wittert sehr leicht amerikanische Einmischung. Es ist nichts Neues, daß die amerikanischen Blaujacken, sobald sie einmal in Panama von Schiffsbord an Land gehen, von der einheimischen Polizei scharf aufs Korn genommen werden. So passierte es vor zwei Jahren, daß eine amerikanische Blaujacke von der Polizei erbarmungslos niedergeschlagen und ermordet wurde, während mehrere Gefährten schlimm verletzt wurden, und die Regierung von Panama hatte Abbitte zu leisten und eine erkleckliche Entschädigungssumme zu bezahlen.

Die unteren beinahe vollendeten Miraflores-Schleusen.

So wird es jedem Besucher des Kanals und der Kanalzone, sobald er nur mit den Panamanern in nähere Berührung kommt, gar nicht lange verborgen bleiben, daß diese Leute den neuen Herren des zehn Meilen breiten Landstreifens gar nicht gewogen sind und daß von Freundschaft zwischen den Amerikanern und den Eingeborenen des Isthmus sehr wenig zu verspüren ist.

In den Tagen Lesseps' pflegten die Panamaner mit schmeichlerischem Lobe glänzender Beredsamkeit und mit sehr wirkungsvollen Banketten, bei denen der Champagner nicht fehlte, bei guter Laune und in bester Stimmung erhalten zu werden; dem nüchternen Geschäftsamerikaner, der zwar auch gelegentlich ein Bankett feiert und öfter auch eine schwungvolle Rede vom Stapel läßt, geht der Sinn so ziemlich ab, einer andern Nationalität sich gleich zu stellen. In Temperament und geschichtlichen Ueberlieferungen steht er meilenweit weg von dem Panamaner. Schon als das spanische Weltreich in Amerika begann, waren die Protestanten aus England seine bittersten Feinde, und selbst in den Zeiten, wenn England und Spanien einmal wieder Frieden schlossen, begruben doch die Kolonisten in Amerika beiderseits das Kriegsbeil nicht. Von den Tagen an, als Francis Drake über den Isthmus hin zog, bis zum Fall von Carthagena lebten die Bewohner Centralamerikas fast in beständiger Furcht vor den Freibeutern englischer Zunge.

Seit den großen Tagen des amerikanischen Befreiungskrieges, da die dreizehn Kolonieen Nordamerikas das Joch Englands abschüttelten, ist diese Stimmung in dem spanischen Amerika auf die große Republik des Nordens übertragen worden. Und seit die Vereinigten Staaten ihre Grenzen weiter und weiter steckten — allemal auf Kosten Spanisch-Amerikas — Florida, Texas, California, die Philippinen, Portoriko, ein Gebiet nach dem andern fiel uns so zu —, nennen die südlichen Nachbarn den amerikanischen Adler, wenn sie ihn richtig zu kennzeichnen vermeinen, nicht anders als den „nördlichen Geier".

Seit nun der Kanalstreifen in den Besitz der amerikanischen Union übergegangen ist, haben zahlreiche amerikanische Beamte der Kanalzone es sich doch ernstlich zur Aufgabe gemacht, die freundschaftlichsten Beziehungen zu der eingeborenen Bevölkerung zu pflegen und aufrecht zu erhalten, und noch heute bemühen sich einige derselben geflissentlich nach dieser Richtung hin, aber die meisten haben das Vergebliche ihrer Bemühungen erkennen müssen. Die alte Feindschaft gegen den

Veranschaulichung des Fortschritts der gewaltigen Arbeiten an den Miraflores-Schleusen.

"Gringo" (Amerikaner) ist dem Panamaner in Fleisch und Blut übergegangen, und da scheint kein Mundspitzen zu helfen. Die beiden Nationalitäten wohnen nebeneinander, begegnen sich gelegentlich, treffen sich in größerer Anzahl dann und wann bei einer Festlichkeit, aber zu freundschaftlichem Verkehr kommt es nicht. Wenn auch einige wenige Amerikaner Panamanerinnen geheiratet haben, so hat doch bis heute noch keine Amerikanerin einen Panamaner zum Gemahl genommen, und jene sehr vereinzelten Fälle zählen in dem Gesamtbilde nicht mit.

Die Panamaner sind aber auch unter sich scharf in Klassen geschieden. Diejenigen unter ihnen, die hier oder dort obenan stehen, sind entweder altspanische Familien, die ansehnliche Einkünfte aus Ländereien beziehen, oder gutsituierte Familien, die vom Auslande eingewandert, aber schon seit langen Jahren naturalisiert und eingebürgert sind und deren Einkünfte durch den Handel oder irgend ein Gewerbe ihnen erwachsen. Die Nachkommen der alten Konquistadoren sehen auf solche emporgekommenen Familien herab, doch mehr im geheimen als öffentlich, denn die meisten von ihnen sind so stark an sie verschuldet, daß sie in der Oeffentlichkeit sich nicht mucksen. Dennoch bilden sie gesellschaftlich eine fest geschlossene Klasse für sich.

In politischer Beziehung aber ist die Scheidung eine noch viel schärfere unter den Panamanern. Gegenwärtig ist die liberale Partei in der Republik am Ruder, somit stehen die Konservativen gesellschaftlich wie politisch gegen die Gegner zurück. Das ist nämlich das Auffällige an der Politik dieses Volkes, daß sie so persönlicher Natur ist. Politische Meinungsverschiedenheiten werden mit ins Privatleben hinübergenommen. Konservative und Liberale essen daher bei einer Festlichkeit nicht miteinander an einem Tische, und ist für das Hauptfest, den Karneval, eine Königin zu wählen und tritt die Tochter eines namhaften Liberalen als Bewerberin auf, so stimmt jeder Liberale unbedingt für sie, oder ist sie eines Konservativen Tochter, so geht ihr in den Reihen dieser Partei keine Stimme verloren.

Kommt nun bei einer Wahl die Gegenpartei ans Ruder, dann hat es gescheflt! Dann wird eine vollständige Hausreinigung vorgenommen von oben an bis unten aus. Jeder Regierungsbeamte, vom obersten Richter an bis zum geringsten Straßenputzer, verliert seinen Posten und muß einem Nachfolger aus den Reihen der siegreichen Partei Platz machen. Dieses Bitterkeitsgefühl geht wirklich bis zum Aeußersten. So hat die jetzt regierende liberale Partei das Patronage-System in

Die Miraflores-Schleusen, Ausgrabungen zur Seite für Abwasser, 13. Juli 1910.

der Tat so weit ausgedehnt, daß fast jeder ihrer Anhänger mit einem
Posten oder Pöstchen versorgt ist. Die Stadt Panama besitzt infolge=
dessen so viele Polizisten wie sonst eine zehnmal so große Stadt, und
Konsulate sind für die Duodez=Republik, die im ganzen ja nur 425
Meilen lang und im Durchschnitt 70 Meilen breit ist, riesig viele ge=
schaffen worden, ebenso wie in den sieben Provinzen, in die das Länd=
chen eingeteilt worden ist, nämlich in den Provinzen Bocas del Toro,
Chiriqui, Veraguas, Los Santos, Cocle, Colon und Panama (Cocle
ist die kleinste, Panama, die größte, umfaßt mehr als ein Drittel des
ganzen Landes) unzählige Amtsstellen geschaffen worden sind. Die
ganze Republik Panama umfaßt 32,380 Quadratmeilen, ist also we=
nig größer als unser Staat South Carolina, und hat nur 361,000
Einwohner. Sie liegt übrigens in schnurgerader Linie südlich von
Buffalo, N. Y.

Als die kleine Republik in die Reihe der Weltstaaten eintrat, konnte
sie vor allen ihren Geschwistern einen Bückling machen in dem erheben=
den Gefühle, daß, während fast alle tief in Schulden staken, sie für
jeden Kopf der Bevölkerung mehrere Dollars auf der Bank habe. Aber
die Herrlichkeit hat nicht lange gewährt. Die großen, hohen Zahllisten
des Beamtenheeres und ganz sinnlose Bauten, wie sonderlich die Er=
richtung eines großartigen National=Theaters und einer National=Uni=
versität, haben die Ueberschüsse bereits verschlungen.

Zur wirklichen Erschließung und Entwicklung des Landes ist da=
gegen sehr wenig herausgabt worden. Und gerade das täte Panama
not! Das Ländchen, das ohne Frage große Naturschätze besitzt, hätte
vor allen Dingen gute Landstraßen und die Schiffbarmachung seiner
vielen Ströme von nöten. Bei seinen langen Küstenlinien und seinen
zahlreichen Strömen besitzt das Land in ungewöhnlichem Maße alle
Vorbedingungen für jede Art von Transportation zu Wasser, und
verhältnismäßig geringe Summen wären erforderlich, ein halbes
Dutzend gute Häfen und ein Dutzend gut schiffbare Flußläufe herzu=
richten. Einige gute Landstraßen würden sodann das Innere leicht von
den Küsten aus noch des weiteren erschließen. Statt dessen haben sich
die führenden Männer der kleinen Republik lieber wie Gernegroße ge=
zeigt und kostspielige Bauten aufgeführt, die dem Volke und Lande nichts
nützen, sondern nur der Eitelkeit dienen. Zudem konnten die Staats=
männer kaum hoffen, immer in der Macht zu bleiben; warum sollen sie
daher den verhaßten Konservativen etwas in der Kasse hinterlassen?

Die Miraflores-Schleusen zu Ende Juli 1911.

Weit unter diesen Politikern, die sich aus Landjunkern und Industriellen zusammensetzen, steht die große Masse des armen niederen Volkes, die an den Regierungsangelegenheiten ebensowenig Anteil nimmt wie an prunkenden öffentlichen Empfängen und Festlichkeiten. Auf dem Lande führen diese Leute eine Art Nomadenleben. Weil Panama immer noch viel freies Land hat, so „squatten" sie bald hier bald da, wo immer es ihnen gefällt. In den Städten aber sieht man die Armut am krassesten. Ehe die Gesundheitsämter unserer Regierung in den Städten Panama und Colon reine Bahn machten, soll es in den „Slums" und armen Stadtvierteln unbeschreiblich traurig ausgesehen haben; jetzt aber sind die Wohnverhältnisse daselbst bessere als in fast allen unserer Großstädte.

Als „Squatter" zeichnen sich unter der ländlichen Bevölkerung vornehmlich die Indianer und Mischlinge aus. Man findet hier zwei verschiedene Indianerstämme, die Cholos und die San Blas. Jene finden sich noch am reinsten in ihrem Typ in der kleinen gebirgigen Provinz Cocle, sind aber auch über die ganze Westküste hin, sogar von der mexikanischen Grenze an bis hinab an die Spitze von Peru, und das in zahlreichen Mischlingsgruppen, verteilt. Die San Blas hingegen sind ein Indianerstamm ganz reinen Blutes. Sie rühmen sich, daß sie seit 400 Jahren keine Mischehe geduldet haben, und sind stolz darauf, daß noch niemals eine San Blas-Frau ein Mischlingskind geboren oder ein San Blas-Mann ein Mischlingskind gezeugt habe. Ihre Zahl ist gegen 20,000 stark, und sie sind gut bewaffnet. Da die Republik Panama kein Militär besitzt, sondern nur Ortspolizei hat, so werden sie, die das Land vom San Blas-Golfe bis beinahe zur Grenze von Colombia und am Chucunaque-Fluß inne haben, vermutlich noch lange ihre Unabhängigkeit behaupten können.

Beide Stämme reden die spanische Landessprache, auch unter sich. Die Cholos sind den Weißen sehr freundlich gesinnt, aber auch die San Blas sind ihnen, namentlich den Englischredenden, nicht unfreundlich, weil sie in ihnen die Feinde ihrer Feinde, der Spanier, erblicken. Die San Blas-Männer sieht man häufig mit ihren Karren (cayukas) schwer beladen mit Kokosnüssen und Rohgummi nach Colon und Panama kommen, um diese Produkte gegen Pulver, Salz, Nadeln und Zeug einzutauschen. Sie gestatten auch, daß die Händler zu ihnen in ihren Ansiedlungen gehen, erlauben aber niemals, daß einer bei ihnen übernachtet. Ihre Frauen bewachen sie so eifersüchtig, daß

Die Miraflores-Schleusen, oberer Teil, am 25. Juli 1911.

ein Weißer ihrer nie anders als aus weiter Ferne ansichtig wird.
Kommt ein Fremdling zu einem ihrer Dörfer, so verschwinden augenblicklich alle Weiber im Gebüsch.

So wenig wie die Panamaner, selbst die Nachkommen der Konquistadoren, heute noch reines spanisches Blut in den Adern haben — mancher Reisende hat schon behauptet, auf dem ganzen Isthmus gebe es unter den Panamanern keinen einzigen Weißen mehr, und es ist denn auch Tatsache, daß unter ihnen in Hinsicht auf Farbe niemals eine Grenze gezogen wird, — so wenig gibt es unter den Cholos=Indianern heute noch reinblütige Exemplare. Sie haben sich längst gründlich vermischt mit den Negern, den Sklaven der alten Kolonialzeit, und ihren Nachkommen, sowie mit den neueren Einwanderern aus den Westindischen Inseln, besonders Jamaika. Von Jamaika stammen auch bei weitem die meisten der 35,000 Kanalarbeiter, die Onkel Sam hier an seinem großen Unternehmen beschäftigt, und es ist mehr als wahrscheinlich, daß ihrer viele auch nach Vollendung des Kanals in diesem Lande, wo es ihnen gefällt, verbleiben und in der Landesbevölkerung aufgehen werden.

Diese Jamaikaner sind sehr friedfertige, genügsame und arbeitskräftige Menschen, doch äußerst faul und dumm. Von ihnen hätte wohl keiner jemals das Schießpulver erfunden. Man hat unserem Gewährsmann ein hübsches wahres Geschichtchen erzählt zum Beweis für den „Scharfsinn" dieser treuen Kerle. Während eines Tages eine Abteilung Arbeiter jenseits einer Kurve an der Panama=Bahn einige neue Schienen einzufügen hatte, schickte der Vormann einen der Jamaikaner mit einer roten Flagge zurück mit dem Auftrag, um die Kurve zu gehen und dort jeden Zug, der des Weges komme, durch das Signal zu warnen. Der Mann geht getreulich auf seinen Posten. Nach einiger Zeit — es war nur noch eine Schiene zu legen — saust eine Rangiermaschine um die Biegung und fliegt richtig vom Geleise, wobei sogar zwei Männer beinahe ums Leben kamen. Als der Jamaikaner zur Rede gestellt wurde, warum er denn der Rangiermaschine kein Warnungssignal gegeben habe, antwortete er mit der größten Unschuld von der Welt: „Sie haben mir doch gesagt, ich solle Züge warnen; das war aber doch kein Zug, sondern bloß eine Lokomotive."

Außer den Jamaikanern befindet sich unter den Kanalarbeitern aber noch eine Nationalität, die wohl auch im Lande verbleiben und nach und nach unter der Bevölkerung aufgehen wird. Das sind einige

Die Miraflores Schleusen. Ausgrabungen an der unteren Schleuse, im Juli 1911.

tausend Bauern aus der Provinz Galizien in Nord-Spanien, Leute, die gewohnt sind, in einem heißen Klima zu arbeiten, die in ihrer Heimat aber lange nicht so viel verdienen wie hier und denen die Arbeit zusagt und gefällt, die auch neben Italienern, Griechen, Armeniern, Türken und Indiern — von denen auch gar manche noch auf dem Isthmus bleiben mögen — sehr gute Arbeit leisten. Jedenfalls besteht, wenn irgendwo, hier am Panama-Kanal, hier in der Isthmus-Republik die Aussicht, daß die Bevölkerung, die man unter dem Gesamtnamen der Panamaner zusammenfaßt, eine noch immer mehr gemischte und kosmopolitischere werden wird.

Aber wie werden denn die Liegenschaften der reichen panamanischen Landjunker bewirtschaftet? Mit einem Worte: herzlich schlecht. Wir haben schon gesehen, diese Herren beschäftigen sich mit der Politik und wohnen in den Städten. Auf ihren Ländereien wird wenig gearbeitet. Ihr größtes Einkommen liefert die Viehzucht. Im Ackerbau wird nur angepflanzt, was von selbst wächst oder doch so wenig wie möglich Arbeit macht. Sklaverei wie in Mexiko, Peondienst, herrscht auf Panama nicht, teils wohl deshalb nicht, weil der panamanische Junker zu faul ist, ein tüchtiger Sklaventreiber oder Sklavenbaron zu sein, teils auch wohl deshalb nicht, weil die Dschungeln zu viel Gelegenheit zum Entkommen der Sklaven bieten. Wo immer aber sich ein mäßig gut verwaltetes Landgut findet, da ist es sicher von einem Ausländer in Pacht genommen, oder er steht ihm als Verwalter vor.

Das Innere der Wohnungen der Panamaner, auch der wohlhabenden, ist nach amerikanischen Begriffen nicht sehr anziehend, was um so auffallender erscheint, weil die allermeisten Glieder der vornehmen Familien teils im Auslande doch ihre Bildung und Erziehung genossen haben, teils zum wenigsten in andern Ländern gereist und umhergekommen sind. Unser Gewährsmann beschreibt uns die Wohnung eines der reichsten Männer in der Stadt Panama. Es ist ein großes, einstöckiges Haus. Die Fensteröffnungen sind ohne Glasscheiben, nur Läden verschließen die Luken. Eine sehr geräumige Stube, die als Wohnraum wie als Speisezimmer dient, ist mit billigen, grellen grüngoldigen Tapeten behangen, die stellenweise fleckig und schimmelig sind. Ein alter Flügel, der schon ein Menschenalter lang verstimmt gewesen sein mag, steht in einer Ecke, und darauf thront ein Graphophon, das neben sehr „populären" Plärrliedern einige Sousa-Märsche spielt. An der Wand hängt ein Chromo von Alfonso XIII., auf dem zugleich

Die Miraflores Schleusen, Tunnel und kleingeflutete Sperrtore, am 7. Januar 1911.

eine gute Marke Sherry angepriesen wird. Auf einem kleinen Bücherbrette finden sich eine Ausgabe des spanischen Dichters Cervantes, etliche Bände Novellen, ein englisches und ein französisches Wörterbuch und eine Anzahl Schulbücher; aber lesen sieht man die Familienglieder nur die in spanischer Sprache erscheinende tägliche Zeitung von Panama, obgleich sie alle französisch und englisch sprechen und lesen können.

Selbst die Amtswohnung des Präsidenten der Republik ist ganz eigenartig ausgeschmückt. Herr Pablo Arosemena — so hieß der erste Präsident, der jetzt vier Jahre im Amte war, — empfing unsern Vertreter aufs freundlichste. Trotz seiner 74 Jahre sieht der Mann noch sehr jugendlich aus. Es sei hier gleich bemerkt, daß laut der Konstitution von Panama ein Präsident nur auf vier Jahre gewählt wird, und daß kein Präsident sein eigener Nachfolger sein kann, wenn zwischen seinem Amtstermin und seiner nochmaligen Kandidatur nicht mindestens sechs Monate verflossen sind. Trau, schau, wem! Die Schlauheit der Politiker geht übers Bohnenlied! Schon Panamas allererster Präsident suchte diesem Paragraphen der Landesverfassung ein Schnippchen zu schlagen. Dr. Arosemena nahm einfach vor Ablauf seines Amtstermins eine sechsmonatliche Erholungsreise vor und wollte dann — wieder Kandidat sein! Er mußte aber doch einem Nachfolger Platz machen.

Das Weiße Haus von Panama, einfach Regierungspalast genannt, ist ein großes, weißes, schlichtes, zwei Stockwerke hohes Gebäude von spanischer Architektur. In seinem Innern umgibt es ein Patio, das dicht mit Palmen besetzt ist, in deren Mitte ein Teich sich befindet, in welchem große Schildkröten sich tummeln. Polizisten stehen am Eingang des Hauses, und auch im Innern an der großen Steintreppe, die ins zweite Stockwerk führt, hält Polizei Wache. Oben am Treppenaufgang liegt das Audienzzimmer, ein langer, enger Parlor, der für ein Tropenland sehr sonderbar ausgestattet ist. Der Boden nämlich ist mit einem dicken Samtteppich belegt, die Fenster sind mit schweren Vorhängen drapiert, und die goldlackierten Möbel sind schwer gepolstert, so daß das ganze Audienzzimmer in des Wortes vollster Bedeutung einer Schwitzbude gleicht. An jedem Ende des Zimmers steht ein bis an die Decke reichender Spiegel in solidem Goldrahmen, und auch die Fensterdraperien hängen in schweren Goldrahmen.

Die Religion des Landes ist die römisch-katholische, d. h. die Religion der Panamaner — in der Kanalzone herrscht selbstverständ-

Spritzenhaus aus Kontretheinen zu Colon.

lich volle Religionsfreiheit. Aber in dem katholischen Lande Panama sind die allermeisten Männer ausgesprochene Freidenker, und mehr als in irgend einem protestantischen Lande sind hier die Kirchenbesucher fast durchweg Frauen. Doch an Festtagen sind die Kirchräume gefüllt. Die Gottesdienstordnung ist lange nicht die eindrucksvolle, auf Effekt berechnete wie in den Vereinigten Staaten oder Europa. Selbst das Leinen auf dem Hochaltar der Kathedrale von Panama wird selten gewaschen. Der seidene Altarbehang der Kirche Nuestra Senora de la Merced ist mottenzerfressen. Selten hört man in diesen katholischen Kirchen Gesang, am häufigsten noch in der alten San Felipe Neri, wo ein ganz ungeschulter Nonnenchor bisweilen sein Bestes versucht.

Während die Frauen am Sonntagmorgen zur Messe eilen, begeben sich die Männer in Scharen zu den Räumlichkeiten, wo Hahnenkämpfe veranstaltet werden. Dichter Tabaksqualm erfüllt den Raum, viele Wetten werden abgeschlossen, und dann werden die Hähne, denen alle Federn abgeschnitten wurden, immer je zwei nacheinander zum Kampfe losgelassen. Die Hahnenkämpfe sind aber fast durchweg zahme Affairen. In der Regel jagt alsbald der eine Hahn den andern in der Arena im Kreise umher, wie sehr auch der Besitzer des Feiglings seinen Kämpen zum Angriff immerhin reizen mag. Diese Hahnenkämpfe sind der Nationalsport der Panamaner.

Vielleicht würden die Panamaner trotz ihrer Sitten und Lebensgewohnheiten den „Gringos" als ihren Wohltätern doch im Laufe der Zeit noch freundlicher gesinnt werden, wenn nicht der gesamte Kaufmannsstand der Republik diese Feindschaft geflissentlich nährte. Onkel Sam hat nämlich in Cristobal bei Colon wie in Balboa bei Panama und längs der ganzen Kanallinie große Warenläden angelegt — commissary departments — zum Besten aller Kanalarbeiter. Zuerst konnte hier jedermann Waren kaufen. Die Preise aller Waren sind bedeutend niedriger als in irgend einem Kaufladen Colons oder Panamas, denn unsere Regierung muß hier von dem Grundsatze ausgehen, daß die Angestellten und Arbeiter in keiner Weise übervorteilt werden. Würden die Arbeiter hier nicht billiger leben können als sonstwo, so wäre ihres Bleibens nicht. Die Kaufleute der Republik aber organisierten sehr bald eine heftige Oppositionsbewegung gegen diese Departements-Läden unserer Regierung und brachten es durch diplomatische Verhandlungen zuwege, daß kein Panamaner dort kaufen darf. Wer daher nicht am Kanal beschäftigt oder kein Mitglied des diplomati=

Die Seemauer und Promenade der Stadt Panama.

schen Korps ist, kann die Vergünstigung billigen Wareneinkaufs, die
Onkel Sam am Kanal in so großartigem Maßstabe darbietet, nicht
genießen, es sei denn — und hier kommt die Politik wieder ins Spiel!
— er habe vom Präsidenten der Republik eine spezielle Erlaubnis dazu.

Eis z. B. ist in den Tropen geradezu ein Bedarfsartikel, eine Not=
wendigkeit. Ein Monopol in Panama fabriziert Eis zu exorbitanten
Preisen. Onkel Sam mit seinen Kraftstationen längs des Kanals
stellt es zu ganz geringen Kosten her. Elektrisches Licht und elektrische
Kraft wären in den Städten Panama und Colon von unendlichem
Werte, wenn billig erlangbar, und Onkel Sam liefert beides in der
Kanalzone zu äußerst mäßigen Preisen. Aber in Panama hat ein
Monopol die ausschließliche Gerechtsame, und die Panamaner haben
dafür zu „bluten". Und so noch vieles mehr.

Es ist kein freundliches Bild, das dem Leser in diesem Kapitel von
den Nachbarn unserer Kanalzone gezeichnet wurde, er wird aber wohl
doch die Ueberzeugung gewonnen haben, daß es schwer ist, Nachbarn,
die offensichtlich entschlossen sind, mit den „Gringos" nicht auf freund=
schaftlichem Fuße zu stehen, so zu achten und zu lieben, wie man sollte.
Es ist unbestreitbare Tatsache, die Panamaner, die den Vereinigten
Staaten für eine hübsche Summe die Kanalgerechtsame verkauft haben,
sind dennoch nicht die Freunde der Amerikaner.

Inseln im Hafen von Panama.

Santa Ana-Kathedrale und -Plaza in Panama.

7. Wie Onkel Sam seine Leute am Kanal versorgt.

Der Leser wird nun wohl längst die Frage auf den Lippen haben, wie denn wohl das Arbeiterheer und die Beamten und auch die am Kanal und in der Kanalzone lebenden Amerikaner versorgt werden, wie sie das Klima ertragen und wie sie dort leben und wohnen. Ja, weiß er denn, wie groß das Arbeiterheer am Kanal ist? Es sind hier zwischen 35,000 und 40,000 Mann beständig seit vier Jahren beschäftigt gewesen, und über sie führen 6,000 amerikanische Ingenieure, Vorleute und Beamte die Aufsicht — und diese ganze Armee muß Onkel Sam täglich versorgen! Keine kleine Aufgabe, nicht wahr?

Als unsere Regierung die Arbeit am Panama=Kanal begann, gab es in den Städten Colon und Panama nur armselige Kaufläden; dazu kam, daß die dortigen Kaufleute gar nicht mit den Bedürfnissen der hergeschafften Kanalarbeiter, geschweige denn der Amerikaner vertraut waren. Zwar suchten sie den in Aussicht stehenden lohnenden Handel, den die Versorgung solcher Scharen sehr begehrenswert machte, zu bekommen, aber man wurde nur zu bald inne, wie sie schlechte Waren zu hohen Preisen an den Mann zu bringen trachteten. Onkel Sam hatte die Augen auf. So notwendig es nämlich war, daß die ganze Kanalzone unverzüglich gründlich gesäubert und bewohnbar gemacht werden mußte, so notwendig war auch der zweite Schritt, daß die Armee von Arbeitern und Beamten gut genährt, verpflegt und versorgt werde. Daher wurde Onkel Sam hier am Kanal selber Kaufmann. Er legte in der Vorstadt von Colon, Cristobal, — der Ort wird jetzt auch Mount Hope vielfach genannt — eine riesige Warenniederlage, einen der größten Departements=Kaufläden der Welt, an. Eine Zweigniederlage wurde später zu Balboa, bei Panama, eingerichtet. Dabei besteht Onkel Sam durchaus nicht darauf, daß irgend einer seiner Angestellten gezwungen werde, von ihm Waren zu kaufen; aber seine Preise sind so niedrig und seine Sachen alle so vorzüglich, daß jegliche Konkurrenz aus dem Felde geschlagen ist und es niemandem im Traume einfallen würde, anderswo zu kaufen.

Dieses Regierungsgeschäft begann sogleich, als mit den Arbeiten an dem großen Graben der Anfang gemacht wurde, und es ist heute so gewachsen, daß sich der jährliche Umsatz auf $6,000,000 bis $7,000,000 beziffert. Die Zahl der Kunden, einschließlich der Familien aller

Konfetti — Wagenladungen voll — nach einem Feste von den Straßen Panamas entfernt.

Arbeiter und Beamten des Kanals sowohl als auch der Eisenbahn, beläuft sich auf beinahe 100,000. Sie alle sind tatsächlich auf die Versorgung der Regierung angewiesen, nicht nur was das Essen, sondern auch die Kleidung und den gesamten Haushalt betrifft, und die Regierung verkauft ihnen alle Waren zu beinahe dem Kostenpreise. Sie versorgt die Leute mit Eis und bringt es, wie der Eismann bei uns, in die Kühlkiste, sie schafft ihnen die Feuerung ins Haus, wie der Oel- und Kohlenhändler in unseren Großstädten es uns besorgt, — aber sie tut noch viel mehr als unsere Kaufleute dahier.

Ehe wir die gewaltigen Warenniederlagen und Regierungs-Kaufläden zu Cristobal durchwandern, wollen wir uns noch erst einige Tatsachen nennen lassen, die uns zuvor mit dem Umfang dieses Geschäftsunternehmens etwas näher vertraut machen. Bereitwilligst geben die Oberleiter Auskunft. Da hören wir denn und staunen, daß hier im letzten Jahre (1911) mehr als 4,000,000 Pfund frisches Rindfleisch und mehr als 250,000 Pfund Schaf- und Lammfleisch verkauft wurden. Mehr als 400,000 Hühner, über 100,000 Puter und Enten wurden abgesetzt. Onkel Sam verkaufte ferner 500,000 Pfund Speckseiten und über 9,000,000 Eier. Gar viele andere Eßwaren beliefen sich in die Millionen; es wurden z. B. 6,000,000 Pfund Mehl, 2,000,000 Pfund Reis, 3,000,000 Pfund kondensierter Milch verkauft; der Absatz an Erbsen und Bohnen betrug letztes Jahr 1,000,000 Pfund; Tomaten fanden Absatz mit 700,000 Kannen, Fisch mit 200,000 und „Pork and Beans" mit 58,000 Kannen. Kartoffeln wurden 7,000,000 Pfund abgesetzt, Zwiebeln 1,000,000 Pfund; Apfelsinen wurden 226,000 Dutzend verzehrt, Kantalupen 56,000 Stück, 120,000 „Grape Fruit" und 19,000 Wassermelonen. Die nebenanliegende Bäckerei tat ebenso gute Geschäfte. Onkel Sam hatte über 5,000,000 Laibe Brots zu backen und lieferte täglich 20,000 bis 25,000 in die Wohnungen ab. Die weiterhin sichtbare Waschanstalt hatte im letzten Jahre über 3,500,000 Stücke Zeug sauber zu machen. Die Kaffeerösterei röstete 300,000 Pfund Kaffee. Eis wurde in der Kühlanlage für $200,000 erzeugt und den Kunden ins Haus geliefert, ja über 100,000 Gallonen „Ice Cream" wurden an die Kanalarbeiter abgesetzt.

Nun wird der Leser schon eher glauben, daß Onkel Sam hier in der Tat ein Großgeschäft betreibt, ja er wird es nicht bestreiten, daß unsere Regierung hier alle möglichen Bedürfnisse sämtlicher Angestellten, ob hoch oder niedrig, in geradezu patriarchalischer Weise befriedigt.

Eine Geschäftsstraße der Stadt Panama.

und zwar trotz des Umstandes, daß die Versorgungsbasis dieser Großkaufläden 2,000 Meilen weit weg liegt. Denn fast alle diese Waren müssen in Kühlschiffen von New Orleans oder New York in großen Massen herbeigeschafft werden. Die Regierung läßt es sich in bewundernswerter Weise angelegen sein, die ganze Armee ihrer Angestellten möglichst gut zu versorgen, und zwar, um die Arbeiter hier zu halten und ihnen den Aufenthalt angenehm und lohnend zu machen, obendrein zu Preisen vollauf so niedrig und noch niedriger, als die Waren in der Heimat im Kleinhandel kosten. Trotz alledem lohnt sich das Geschäft. Onkel Sam hat noch jedes Jahr mit einem kleinen Ueberschuß seinen riesigen „Department Store" geführt. Und das ist auch eine der staunenswerten Taten, die hier in der Kanalzone geschehen sind.

Der ganze große „Department Store" steht unter der Verwaltung des Kanal=Kommissariats, mit Oberst Eugene T. Wilson an der Spitze. Das Geschäft wird so sorgfältig geleitet wie nur irgend eine große Fabrik oder Trust. Alle Einkäufe werden im großen gemacht und die Preise so niedrig eingefordert wie nur erlangbar. Zu diesem Behufe werden lange im voraus Angebote eingeholt, und die Regierung behält sich in jedem einzelnen Falle vor, das Beste und das Billigste zu erhandeln. So wird z. B. kalifornisches Obst in Schiffsladungen direkt nach Panama gesandt, um die Kosten der teuren Eisenbahnfracht zu vermeiden. Manche Waren werden aus Europa bezogen und direkt nach Colon verladen. Tropische Früchte kommen direkt von Jamaika und den andern Westindischen Inseln. Fleisch kommt auf dem billigsten Wege von Chicago und wird dort im offenen Markt aufs ganze Jahr im voraus gekauft, unter der Bedingung, daß es so frisch anlangen muß, als käme es eben aus einem Fleischerladen der Gartenstadt selbst, und so wohlfeil ist, als kaufte man direkt in den Viehhöfen selbst. Von 4,000,000 Pfund Rindfleisch waren im letzten Jahre denn auch keine 20 Pfund zu beanstanden.

Alle zerbrechliche und verderbliche Ware ist auf Kosten des Versenders zu liefern, daher wird die äußerste Sorgfalt gleich bei der Verpackung in Anwendung gebracht. Alle Eßwaren langen in Kielen an. die nichts anderes sind als schwimmende „Cold Storage"=Häuser. Ueberdies unterhält die Regierung hier an Ort und Stelle ein chemisches Laboratorium, in welchem alle Lebensmittel auf ihre Reinheit und Güte geprüft werden, ob sie genau der zuvor unterbreiteten Probe

Im Herzen des Geschäftsbezirks der Stadt Panama.

entsprechen. Selbstverständlich werden auch alle Waren aufs genaueste nachgewogen resp. nachgezählt. Genießt Onkel Sam schon daheim den Ruf, daß ihn keiner übers Ohr hauen kann, so hat er diese Tugend der strengsten Wachsamkeit hier in der Kanalzone als Großgeschäftsmann sicherlich noch erst recht ausgebildet.

Doch sehen wir nun näher zu, wie das Geschäft hier in Cristobal geführt wird. Wir treten zuerst in den gewaltigen Kühlspeicher ein. Der ist ganz aus Zement aufgeführt und bedeckt mehrere Acres. Es ist eins der größten Gebäude seiner Art, die es überhaupt in der Welt gibt, und ist so außerordentlich praktisch und zweckdienlich eingerichtet, daß alle Waren vom Schiffe direkt in die einzelnen Kühlkammern, wohin sie gerade gehören, ausgeladen und aus ihnen auch wieder direkt in die Bahnwagen, welche sie den Verteilungsstellen längs des Kanals und der Bahn zuführen, verladen werden. Ein solcher Proviantzug verläßt Cristobal jeden Morgen.

Ehe wir in den riesigen Kühlspeicher eintreten, werden wir gewarnt, uns gegen Erkältung in acht zu nehmen. Denn in den Tropen ist es heiß, in den Kühlkammern aber herrscht Wintertemperatur. Man bringt uns daher Ueberröcke, und nun geht's aus der Hitze in die Kälte. Der erste Raum, den wir betreten, ist das Gemüselager, in dem die Temperatur volle 50 Grad niedriger ist als draußen. Es ist eine lange, etwa 50 Fuß breite Halle, gefüllt mit Ballen, Bündeln und Kisten voll allerlei Gemüse und Obst. Zur Seite stehen Tische, an denen Männer Kartoffeln, Kohl, Gurken, Sellerie u. s. w. verlesen, alles Schlechte entfernend. An andern Tischen werden Citronen, Salat u. dgl. verlesen. Der Salat kommt alle von New Orleans, die Citronen alle aus Jamaika. Die herrlichsten Ananas sind hier aufgestapelt, wie auch die schönsten Orangen und „Grape Fruit". „Diese Grape Fruit," erklärte der Führer, „verkaufen wir z. B. zu 4 Cents das Stück, während sie in der Heimat nicht unter 8 Cents zu haben ist."

Die drei nächsten großen Räume sind Separatbehälter, der erste für Eier, der zweite für Butter, der dritte für Käse. Diese Räume werden durch das sogenannte Salzwasser-System gekühlt, und die Röhren in denselben sind mit Schneelagen bedeckt. Käse aller Sorten und Düfte lagern hier, und ihre Größe variiert von einem Wagenrade bis herab zum Kartoffelkloß. Aus dem Eierzimmer werden täglich 40,000 Eier versandt, und jedes Ei wird hier, ehe es an den Kunden abgeht, geprüft. Dort in der Ecke sehen wir den Prüfungsprozeß.

Eine Festkönigin in Panama.

In einen großen Verschlag, der innen ganz dunkel ist, scheint durch ein Löchlein so groß wie ein Ei ein elektrisches Licht hinein. Der Prüfer im Dunkelraume nimmt jedes Ei und hält es vor dieses Licht; ein gutes Ei ist goldig transparent, ein schlechtes dagegen nicht durchsichtig, sondern streifig, fleckig, ja wohl gar beinahe schwarz. Jedes im geringsten tabelhafte Ei wird zur Seite gelegt. Wir sehen den neuesten Bericht nach über die Ergebnisse dieser Eierprüfung und staunen, denn von 21,000 sind nur 44 für schlecht befunden worden. „Mutter, wat seggste nu!" Die Eier sind nämlich alle, ehe sie New Orleans verlassen haben, ebenso bei Licht geprüft worden, denn man will doch nur für gute die Fracht bezahlen. Gesprungene Eier, die sonst gut sind, wandern statt zu den Kunden in die große Backanstalt.

Ebenso sorgfältig wird mit der Butter umgegangen. Onkel Sam kauft die beste, welche die Butterfabriken erzeugen, und zwar nur in großen Klumpen. Anfangs wurde die Butter in regelrechten Formen hergesandt, aber man fand bald heraus, daß sie so auf der weiten Fahrt 3 Cents das Pfund teurer zu stehen kam und überdies sich weniger gut hielt. Die Regierung besitzt nun ihre eigenen Butterschneidemaschinen, welche die Butter in schön geformten und verzierten Pfundstücken zu 6 Cents billiger, als sie „in den Staaten" zu haben ist, den Kunden liefern.

Die Räume werden kälter und kälter, je weiter wir kommen. Da liegen in einem blanksauberen Raume Truthühner, Enten, junge Tauben, Hühner, alle steif gefroren in einer Temperatur, die beständig auf 12 Grad über Null gehalten wird. Im nächsten Raume befinden sich Fische, Austern, Wildenten u. dgl. in derselben Temperatur. Weiterhin liegt das große Kühlzimmer für Fleisch. Die Stücke sind eishart. Da hängen in einer Abteilung 700 Rinderviertel, und diese Masse Fleisch hält nur fünf Tage lang vor. Das Rindfleisch langt zu Tausenden von Stücken in ganzen Schiffsladungen an, und es erfordert jährlich eine Rinderherde von 6,000 Köpfen, um die Kanalarbeiter zu versorgen. Daneben bedarf es jeden Tag einer Tonne Schweinefleisch zu gleichem Zwecke. „Corn Beef" fertigt die Regierung selber an in Bütten, die 20,000 Pfund Fleisch fassen, und davon wird jeden Tag gegen 2,000 Pfund verspeist.

Neben diesen gewaltigen Kühlräumen liegt die Rahmeisfabrik. Onkel Sam verkauft an seine Angestellten alljährlich für $80,000 „Ice Cream". Diese in den Tropen besonders gut mundende Deli=

Drei typische Panamanerinnen.

tateffe wird in großen Bütten an die Hotels und Verteilungsstationen ausgesandt. Man kann sogar fünf bis sechs verschiedene „Flavors" haben. Das Eis wird in einer großen Kühlraumanlage in reichlichen Mengen erzeugt, nämlich 90 Tonnen den Tag, und die Einnahme der Regierung in einem Jahre allein für Eis beziffert sich auf $200,000.

Jetzt fallen wir in das andere Extrem! Wir gehen vom Eishaus zur Backanstalt und Waschanstalt und sind da also in wenigen Minuten von den Polen erst recht in die Tropen gekommen. Auch diese Bäckerei ist unstreitig eine der größten der Welt, alles wird da in großem Maßstabe besorgt. Der Teig wird in großen Eisentrögen durch Maschinerie geknetet und bearbeitet, er kommt aus den Behältern gleich in Laibe geformt zum Vorschein, und zwar fertigt der Teigformer 72 Laibe die Minute. Ein einziger Trog voll Teig ergibt 1,800 Laibe. Nicht wahr, das ist höhere Backkunst? Die Backöfen sind große, mit Porzellan verkleidete Kammern, deren jede zu gleicher Zeit 900 Laibe aufnimmt. So kommt es denn, daß diese Bäcker Onkel Sams mit Leichtigkeit jeden Tag 25,000 Laibe Brots herstellen, — und so viel wird auch täglich hier am Kanal von den Mannschaften verzehrt. Seltsam berührt es, daß hier nicht nur weiße, sondern auch farbige Bäcker ihres Handwerks walten, doch stehen Weiße jeder Abteilung vor.

Onkel Sams Waschanstalt ist eine ebenso bedeutende Versorgungsstätte der Kanalmannschaften. Da erblicken wir mehrere große Räume und in ihnen zahlreiche Negerinnen aus Jamaika, die eifrig am Waschen und Bügeln beschäftigt sind. Die schwarz=weißen Gestalten sehen nicht übel aus! Das Zeug geht durch fünf Wasser, von kaltem zu heißem, während die sinnreiche Maschinerie es vom Schmutze säubert. Alles wird durch elektrische Kraft betrieben, auch die großen Wringmaschinen, die jedes Stück trocken pressen. Saubere Negermädchen, die von 7 bis 10 Cents die Stunde verdienen, bügeln alsbald die Kleidungsstücke mit elektrischen Bügeleisen auf weiß überzogenen Bügelbrettern. Die feine Wäsche wird in besonderen Maschinen und besonderen Räumen behandelt. Kragen und Manschetten haben ebenfalls besondere Maschinen. Staunend erfährt man, daß hier alljährlich gegen 4,000,000 Kleidungsstücke gewaschen und gebügelt werden, und daß dieses Institut gegen $100,000 abwirft.

Dabei sind die Preise niedrig gestellt. Leinene Röcke z. B. werden für 11 Cents das Stück gewaschen und gebügelt, Kragen für 1½, Manschetten für 3, Unterhosen für 5, Union=Anzüge für 8 Cents.

Ein geräumiger Speisesaal der Arbeiter am Kanal.

Eine Bettdecke kostet 10, ein Blankett 20 Cents, eine Serviette 1 Cent, Handtuch 1 Cent, Bettuch 3 Cents. Und mit dieser Dampfwäscherei ist zugleich eine Anstalt verbunden, in der Röcke, Hosen und Westen der Herren sowie Blusen und Kleiderröcke der Damen zu mäßigsten Preisen gereinigt und gepreßt werden.

Was wir nun so weit angesehen haben — Kühlräume, Eisanstalt, Bäckerei und Dampfwäscherei, — könnte man den Fabrikteil des Großgeschäfts der Regierung nennen. Jetzt gehen wir hinüber zu den großen Warenniederlagen, der Centralstation, von wo aus alle diese und noch viele andere Dinge mehr verteilt und expediert werden. Wer kann aber da die Dinge zählen — nein, auch nur die Gruppen von Dingen aufzählen, die zu haben sind? Ein riesiger Allerweltsladen! Einer? Im ganzen sind es 88 Warenhäuser hier und längs des Kanals! Was der Mensch nur in seinen vier Wänden und an seinem Leibe nötig hat und wünscht, hier hat er die bunte Auswahl — Hosenträger, Bleistifte, Teelöffel, Pianos, Lorbeerblätter, Fingerhüte, Pfropfenzieher, Schuhriemen, Senf — und wer weiß was alles! Der Verkauf dieser Handelsgüter geschieht aber eigentlich nicht hier, sondern teils in den Wohnungen aller Angestellten (durch Ablieferung), teils in kleinen Kaufläden. Solche Zweiggeschäfte hat die Regierung längs des Kanals 22 eingerichtet. Sie finden sich in den bedeutenderen Niederlassungen in der ganzen Kanalzone, auch eins zu Porto Bello und ein anderes zu Toro Point. In allen diesen Kleinhandelsläden und hier von der Centrale aus werden die Waren nur gegen Coupons verkauft, — nicht gegen bares Geld. Die Coupons aber können nur von Angestellten benutzt werden, denen die Vorgesetzten sie als Löhnung verabreichen. Sämtliche Arbeiter und Angestellte am Kanal und an der Eisenbahn erhalten solche Lohnscheine. Man kann also in diesen Kaufstellen der Regierung gar nichts für Geld einhandeln; ein Zwanzigdollar=Goldstück würde nicht einmal einen Bleistift, ein Zehndollarschein noch keine Stecknadel kaufen. Das ganze Handelssystem ist auf Coupons basiert, und jeder Käufer muß dem Clerk sein Couponbuch überreichen, damit dieser so viel von den Zahlscheinen herausreißt, wie die Kaufsumme beträgt. Diese Scheine sind daher zum Nennwerte von 1 Cent bis zu $1 gedruckt, so daß allemal der genaue Betrag entnommen werden kann. Dieses ganze Geschäft wird hier in der Ferne aus verschiedenen Gründen durch Zahlscheine betrieben; einmal ist es nicht weise, jedem Arbeiter und Angestellten viel Geld in die Finger zu

In der Waschanstalt der Regierung zu Cristobal.

Panama 10.

geben, sodann hat ja auch Onkel Sams Geld hier nur auf kleinem Gebiete seine Geltung, vor allem aber will die Regierung vermittelst der Zahlscheine die genaueste Kontrolle üben. Jeder Verkäufer hat daher noch überdies beim Verkauf jeder einzigen Ware einen Verkaufszettel im Duplikat auszufertigen und den einen im „Cash Register" zu registrieren, den andern dem Käufer zuzustellen.

Alle Waren, Lebensmittel wie Kleidungsstücke und Haushaltungsgegenstände, werden von Cristobal aus an die Absatzstellen befördert. Jeden Morgen um 4:30 verläßt ein langer Zug den Hafen, mit elf Wagen voll Fleisch, Eis, Gemüse und allerlei Eßwaren und zehn Wagen voll anderer Lebensbedürfnisse. Dieser Zug hat den beneidenswerten Ruhm, stets "on time" zu sein!

Mit diesem tagtäglichen Versorgungszuge hat es eine ganz besondere Bewandtnis. Die Regierung hat da eine recht sinnige Einrichtung getroffen, und Onkel Sam hat einen bewunderungswürdig findigen Geschäftsgeist bekundet. Haushaltungswaren werden nämlich zum größten Teile an den Absatzstellen, in den Kleinhandelsläden, abgeliefert — man kann sie aber auch zugleich mit den Eßwaren in der Centrale bestellen —; die Eßwaren dagegen gelangen zum größten Teile direkt, sogleich vom Vorratszuge aus zur Verteilung. Bei allen Wohnungen längs des ganzen Kanals sprechen nämlich tagsüber uniformierte Boten vor und nehmen von den Insassen Bestellungen entgegen. Was sie nur haben wollen, wird aufnotiert, z. B.: 2 Pfund Beefsteak, 1 Peck Kartoffeln, 3 Köpfe Salat, 1 Pfund Butter, 1 Pfund Kaffee, ein Weiß- und ein Roggenbrot, 1 Besen, 10 Yards Musselin. 1 Paket Stecknadeln und 1 Wandspiegel. Der Clerk nimmt so viele Coupons entgegen, wie nach einer gedruckten Preisliste genau abzuzählen sind. Alle Waren werden dann am folgenden Morgen in den Häusern abgeliefert. Der Wagen des Quartiermeisters ist zur Station gefahren und bringt vom Bahnzuge die Sachen, die tags zuvor bestellt wurden, denn der Clerk hat alle Bestellungen nebst den betreffenden Coupons im Hauptquartier zu Cristobal abzugeben. Für die Ablieferung wird nichts berechnet. Wo hätten wir hierzulande in unseren Städten ein besseres, praktischeres Einkaufs- und Versorgungssystem?

Doch nun gehen wir auch noch in eine solche Kleinhandels-Verkaufsstelle, wie sie sich längs des Kanals und der Bahn vorfinden. Da sind wir in einem regelrechten „Country Store". Derjenige zu Cristobal liegt an einer Straßenkreuzung im Herzen des Städtchens und ist

Ein Proviantbaus der Regierung bei Gatun.

mustergiltig. Er hat eine Front von 100 Fuß und eine Tiefe von 200 Fuß, bedeckt somit beinahe einen halben Acker. Beim Eintritt glaubt man sich sogleich in einen „Department Store" versetzt. Die vielen Wandregale und die einzelnen langen Verkaufstische, die verlockend mit Handelswaren belegt sind, machen ganz diesen Eindruck. Jedes Departement bietet natürlich eine besondere Klasse von Gegenständen an: hier lauter Eisenwaren, da Glas und Porzellan, dort Zeugstoffe aller Art, hüben allerlei Krimskrams, drüben Apothekerwaren, in jener Ecke Cigarren, Pfeifen und Tabak, in dieser Candy und Zeitschriften, ganz hinten Groceries und Fleischwaren. Denn diese Eßwaren haben wieder einen Kühlraum dahinter nötig. Vier Fleischer sind da an der Arbeit, Braten und Steaks und Chops zurechtzumachen für die hier persönlich vorsprechende Kundschaft. Alles ist peinlich sauber und sanitär gehalten, das Fleisch wird sogar im Kühlraume geschnitten, gewogen, eingepackt und dann durch eine Luke dem Kunden überreicht.

Alle diese Kaufläden sind gründlich organisierte einzelne Verwaltungsposten des Gesamtgeschäfts. Jedem derselben steht ein weißer Oberleiter und Geschäftsführer vor, und er hat einen weißen Assistenten zur Seite. Die Verkäufer und Clerks sind aber meist intelligentere Westindier, einmal weil sie die Arbeit am besten aushalten und sodann weil sie viel billiger arbeiten als Weiße, nämlich für \$25 bis \$45 den Monat.

Fast jede Woche veröffentlicht die Regierung — die hier also auch eine kleine Druckerei im Gange hat — eine Preisliste von allen Waren, so daß jedermann stets auf dem laufenden bleibt in Bezug auf den Kostenpunkt aller Lebensbedürfnisse. Bis heute ist noch niemand von allen Angestellten über die Versorgung, die Onkel Sam ihnen zu gute kommen läßt, — von Kleinigkeiten natürlich abgesehen — unzufrieden gewesen, weder was die Güte noch was den Preis der Waren betrifft.

✳ ✳ ✳

Im Proviantshaus der Regierung bei Gatun.

8. Die Arbeiter und das Leben am Kanal.

Das ganze Heer der Arbeiter am Kanal wird in zwei große Klassen eingeteilt: die Silberleute und die Goldleute. Sind das nicht merkwürdige Bezeichnungen? Was mögen sie bedeuten?

Die beiden Bezeichnungen entstammen dem Volksmunde und sind gar nicht so ohne. Silbermann heißt hier der gewöhnliche Tagelöhner, der einfache Erdschaufler, Handlanger, Mörtelträger, Sandschlepper, Holzhauer, Eseltreiber und Wasserträger. Er hat nichts gelernt, braucht sein Gehirn auch weiter nicht anzustrengen, sondern verkauft Onkel Sam nur seine Muskelkraft, mag er seiner Nationalität und Hautfarbe nach sein, wer er will, ob eingewanderter Spanier, Italie=

Das Tivoli=Hotel zu Ancon, von der Regierung für $750,000 erbaut und von der Regierung geleitet.

ner, Grieche, Türke, Indier oder Schwarzer aus den Westindischen Inseln. Er ist hier von den Arbeitgebern am Isthmus gedungen, nachdem er von Rekrutierungsagenten in seiner Heimat für diese Ar= beit am großen Graben angeworben worden war. In den letzten vier Jahren hat die Regierung durchschnittlich 25,000 westindische Neger das Jahr hindurch an den Kanalarbeiten beschäftigt und etwa 5,000 Tagelöhner aus vielen Teilen Europas und Asiens.

Goldmann — jetzt denkt doch gewiß kein Leser mehr, daß diese bei= den Namen jemanden „von unsere Lait" bezeichnen könnten! — heißt dagegen jeder geschickte Arbeiter, Techniker, Mechaniker, Vormann, Fachmann und Ingenieur. Die Goldleute bedienen die Maschinen aller Art, führen die Züge, leiten die Arbeiten und verrichten alle solche

Arbeit, die Verständnis und Kenntnis erheischt. Sie sind durch das Bureau zu Washington gedungen worden, und viele von ihnen haben, ehe sie ausgesandt und angestellt wurden, erst ein Examen bestehen müssen.

Die Silberleute erhalten von 90 Cents bis zu $1.80 den Tag für neunstündige Arbeit; die Goldleute bekommen dagegen meist $150 den Monat, und weil sie überdies sechs Wochen Ferien und einen Monat Krankenfrist und einen Monat Unfallfrist sich nehmen dürfen, so stellt sich ihre Bezahlung für die geleistete Arbeit doch noch ganz beträchtlich höher. Auch was Wohnung und Quartier betrifft, genießen sie ent=

„Hospital Row" zu Ancon in der Kanalzone.

schiedene Vorteile. Somit ist die Bezeichnung „Silbermann" und „Goldmann" gar nicht so ohne.

Als die Vereinigten Staaten am 1. November 1904 die Kanal= arbeiten begannen, betrug die Arbeiterschar anfänglich nur 3,500 Mann, darunter bloß etwa 600 Amerikaner. Noch gab es viele Krankheitsfälle, und die Mannschaft war nicht beständig, trotzdem sie langsam, aber stetig wuchs. Da wurde das Rekrutieren notwendig. Schon im nächsten Jahre kamen über 43,000 Silberleute, von denen etwa 11,000 Europäer waren, etwa 19,000 aus Barbados und die übrigen von Westindien und Colombia kamen. Für alle Ausländer aus Europa mußte die Regierung das Reisegeld erlegen, und sie kamen ihr auf etwa $40 den Mann zu stehen, doch wurde diese Auslage in den ersten zwei, drei Monaten von der Löhnung abgezogen und gedeckt. Die Westindier zu importieren kostete dagegen nur $7.20 pro Mann, und diese Summe wurde den armen Schwarzen nicht vom Lohne abgezogen, sondern einfach dem Ausgabenkonto zugeschlagen. Seit 1909 hatte die Regierung keine Werbeagenten im Auslande mehr nötig, denn seitdem kamen beständig mehr Arbeitskräfte, als beschäftigt werden konnten.

Ansicht des Wohnungsbezirks zu Ancon in der Kanalzone.

Es ist sicherlich ein sehr erfreuliches Zeichen, daß unter diesem Heere von Arbeitern niemals Unzufriedenheit, Zwistigkeiten und Unruhen — von einem Streik gar nicht zu reden — ausgebrochen sind. Schlägereien und Trunkenheit sind gleichfalls kaum nennenswerte vorgekommen. Die Arbeiter sind in jeder Beziehung stets gut versorgt und beköstigt, prompt abgelöhnt und gut behandelt worden, und namentlich die 30,000 westindischen Neger haben es schnell begriffen, daß hier Ordnung herrschen müsse. Von Anfang an ging unter ihnen die Rede: „Dies ist des weißen Mannes Land!" Ueberall zieht fast jeder

Silbermann, wo er einem Vorgesetzten oder Fremden begegnet, den Hut und grüßt ehrerbietig.

Wie gut sich die Silberleute hier in Onkel Sams Diensten stehen, ist ihnen nur zu wohl bewußt. Die Jamaikaner und Westindier verdienen bei einem Lohne von 10 bis 20 Cents die Stunde dreimal so viel wie in ihrer Heimat; dazu haben sie freies Quartier, und ihr Essen kostet ihnen 9 Cents die Mahlzeit. Die Europäer erhalten zweimal so hohen Lohn wie in der Heimat, und ihre Mahlzeiten kosten ihnen nur

Schule, von der Regierung erbaut, und Schulkinder in der Kanalzone.

40 Cents den Tag. So können sich alle Arbeiter hier ganz hübsche Sümmchen ersparen. Die Neger schlafen in Hütten und Zelten — 70 bis 72 Mann in einer Bude — auf Feldbetten, die peinlichst rein gehalten und alle paar Tage einem Heißdampfbade ausgesetzt werden. Die Spanier und Europäer haben etwas bessere Quartiere.

Die Jamaikaner haben sich nach und nach selber in großer Anzahl eigene Hütten gebaut, und die Verheirateten unter ihnen haben ihre Frauen nachkommen lassen. Sie haben sich einfach in die Dschungel zurückgezogen und dort von Stangen und Buschwerk ein „Heim" errichtet, in dem sie hausen. Letztes Jahr beherbergte Onkel Sam ihrer noch 26,000 in seinen Zeltlagern, heute hausen darin nur noch 7,000 — die große Mehrzahl hat sich selber häuslich eingerichtet.

Und wie leben die Amerikaner am Kanal? Wie ergeht es ihnen? Sie sehnen sich nicht nach dem Tage, da die Arbeit am Kanal aufhört!

Ein zu Culebra für Kanalarbeiter errichtetes Hotel.

Jeder Goldmann arbeitet hier nur acht Stunden den Tag, und jeder von ihnen, ob ledig oder verheiratet, erhält freies Quartier, freie Feuerung, freies Licht, Wasser und ärztliche und zahnärztliche Behandlung. Der Verheiratete steht sich aber noch besser als der Ledige. Er wohnt in einem Einzelhause oder Familienhause, in dem alles, selbst das Geschirr und das Bettzeug, Onkel Sam gehört. Solche Wohnungen kosten der Regierung durchschnittlich $1,840 zu bauen und auszu=

From "Harper's Weekly." Copyright, 1906, by Harper & Brothers.
Stationshaus der Kanalzone-Polizei, zu Empire.

statten. Da spart der Bewohner mindestens $20 den Monat an Miete. Die Doktorkosten betragen für ihn im Durchschnitt eine Ersparnis von $7.50 das Jahr, die Eisenbahnfahrten etwa $10, das freie Licht mindestens $5 und die Feuerung sicherlich über $3. Die Regierung hält ihm sogar den Rasenplatz in Ordnung und schafft ihm selbstverständlich allen Küchenabfall fort." Man hat es berechnet: der Verheiratete spart

Das erste „Courthouse" der Kanalzone, zu Ancon.

so gegen $40 jeden Monat an Auslagen, die er sonstwo haben würde, und der Ledige, den eine Mahlzeit im Hotel 30 Cents kostet, die ihm in New York oder Chicago auf das Dreifache zu stehen käme, mindestens $15 den Monat.

Die Häuser und Wohnungen sind durchweg modern gebaut und eingerichtet. Sie sind alle erhöht gebaut, auf Pfosten ruhend, so daß die Erdfeuchtigkeit nicht in die Wohnräume hineinziehen kann. Sie sind alle durch Drahtfenster und Drahttüren, ja meist auch durch große, drahtumspannte Verandas vor den Moskitos geschützt und durchweg mit den besten Badeeinrichtungen versehen. Jedes Haus hat einen Parlor, ein oder zwei Schlafstuben, ein Badezimmer, ein Wohnzimmer und eine Küche. Goldleute, die bis zu $200 den Monat bekommen, hausen in Wohnungen für vier Familien; solche, die $300 Gehalt be-

Bau der Eisenbahn durch den Sumpf.

ziehen, wohnen in Bungalows, und solche, die $300 bis $400 den Monat erhalten, bewohnen stattliche zweistöckige Residenzen.

Für die Angestellten erscheint täglich eine offizielle Zeitung — „The Canal Record". Es bestehen Klubhäuser und Vergnügungsorte für sie. Man hat den Amerikanern den Aufenthalt so gemütlich zu machen gesucht wie nur möglich und ist auf alle Weise bemüht, ihnen das Leben in den Tropen dem in der Heimat ganz anzupassen. Sie werden daher sogar vom Ackerbauamte zu Washington aus mit Blumen und Pflanzen versorgt. Regelmäßig finden Konzerte statt, es gibt Feuerwehr-Tournamente, Frauenklubs, kirchliche Vereine, sogar eine „Panama Canal Baseball League". Hunderte amerikanischer Kinder besuchen die öffentlichen Schulen der Kanalzone. Es ist auch eine Hochschule vorhanden, und natürlich geben diese Schüler ein Monatsblatt heraus, das den entsprechenden Namen „The Zonian" trägt. Mehrere Patrouillen von „Boy Scouts" sind organisiert worden, und in den Dschungeln haben diese Knaben ein Feld, das für Späherdienste und Späherkünste geradezu geschaffen ist.

Es leben in der Kanalzone heute mehrere tausend amerikanische Frauen, die aus allen Teilen der Union stammen und den verschiedensten Lebensstellungen angehören. Da sind die Frauen der höchsten Beamten, der Herren Kommissäre, die ein Jahresgehalt von $14,000 und mehr beziehen, und da sind die Frauen gewöhnlicher Clerks, die hier $100 bis $150 den Monat erhalten. Die meisten Techniker, Elektriker, Bahnbedienstete u. s. w. sind verheiratete Leute und Familienväter, neben deren Frauen aber gibt es hier auch Lehrerinnen, Krankenpflegerinnen, Stenographinnen u. dgl. Allen geht es gut, das Klima mit einer Durchschnittstemperatur von 86 Grad Fahrenheit scheint ihnen recht zuzusagen, und so viel ist bei ihnen allen sicher, daß sie nirgends auf der Welt weniger Sorgen haben könnten.

Dazu ist ihnen die Hauswirtschaft, wie wir schon mehrfach gesehen haben, hier sehr wesentlich erleichtert; der gute, unermüdliche Onkel Sam tut so viel für sie. Er pflegt ihnen sogar den Garten, bepflanzt ihn, bewässert ihn und läßt alles Erdenkliche durch die anstelligen Neger besorgen. Es hat hier gar manche Gattin eines Clerks oder Maschinisten eine Orchideensammlung, Farne, Palmen und andere Tropengewächse, um welche sie die Millionärinnen New Yorks beneiden dürfen.

„Wir leben hier," schrieb jüngst eine Dame, die schon seit fünf Jahren in der Kanalzone wohnt — ihr Gatte ist ein tüchtiger Civil-

Eine Straßenecke in Colon.

ingenieur — „in einem ganz besonderen Sinne von der Hand in den Mund, aber das gefällt uns recht gut. Wir sind tatsächlich Sozialisten, mit Onkel Sam als unserem Versorger! Alle unsere Lebensmittel kommen aus den Regierungsläden; sie liefern uns Brot, Fleisch, Eis und Kleidung. Das Eis wird jeden Morgen in die Eiskiste gelegt, Weichkohlen werden in die Behälter geliefert, Brot wird vor der Küchentür abgegeben. Unsere Aufträge geben wir tags zuvor und benutzen dabei Couponbücher. Bis zu 60 Prozent des Monatsgehalts dürfen wir uns solche Bücher geben lassen. Natürlich, wer sie flugs aufbrauchen wollte, würde nachher Schmalhans zum Küchenmeister haben, — aber ein solcher Fall ist doch kaum möglich. Onkel Sam verkauft allerlei Waren gegen Coupons, und ohne Coupon ist nichts zu haben, für kein Geld. Sie sind das einzige gesetzliche Zahlmittel hier. Tags zuvor kommt der Mann, der die Aufträge entgegen nimmt, und fragt, was man zu bestellen habe. Er schreibt genau auf, was wir wünschen. Dann läßt er uns ein Duplikat des Bestellzettels zurück, zwei andere nimmt er mit: das eine Exemplar geht ins Kommissariat, wo alle Waren für uns zusammengepackt werden, das andere erhalten die Rechnungsführer, und am nächsten Morgen fährt der Kommissariatswagen vor und liefert die bestellten Sachen ab. Alle gelieferten Dinge sind, fast ausnahmslos, vorzüglich. Das Brot ist frisch und ausgezeichnet, das Eis ist von destilliertem Wasser hergestellt und wird zu 40 Cents per hundert Pfund geliefert. Die Regierung liefert uns sogar kleingemachtes Feuerholz umsonst und hält Höfe und Gärten peinlich rein und in hübschem Zustande.

„In der Tat, das Leben ist hier billiger und besser als in der Heimat! Unser Haus liegt auf dem malerischen Ancon Hill, und vor unsern Blicken wogt der majestätische Pacific. Eine Reihe herrlicher Palmen und eine Hecke saftig roter Blüten und grüner Blätter bildet die Einfassung des Hofes. Das Haus hat sechs Zimmer und ist von einer breiten ‚Porch‘ umgeben, die ganz mit Drahtgewebe umspannt ist, an dem Schlinggewächse emporranken. Auf der ‚Porch‘ hängen prachtvolle Orchideen von der Decke herab, Farne und andere hübsche Tropensträucher stehen am Geländer her und wandeln so diese luftige Vorhalle des Hauses in eine prächtige Laube um. Wie gemütlich sitzt man da auf den bequemen Wiegesesseln aus Rohrgeflecht im kühlen Schatten, und wie feeenhaft sind diese herrlichen Veranden am Abend in elektrischer Beleuchtung! Eine genußreichere Laube kann es kaum geben.

Ulmenbäume in Criſtobal.

„Unser Frontzimmer ist das Wohnzimmer des Hauses, 18 Fuß im Quadrat. Links reiht sich ein ebenso großes Schlafgemach an, und hinter dem Wohnzimmer liegt ein großes Eßzimmer, in welchem der zierliche Geschirrschrank gleich in die Wand eingebaut ist. Ein kleines Trockenzimmer, so groß wie ein gewöhnlicher Schlafraum eines Hausganges, liegt links davon und wird, mit einem elektrischen Ofen darin, dazu benutzt, alles Zeug stets hübsch trocken zu halten, d. h. besonders bei nassem Wetter gegen Feuchtigkeit zu schützen. Dahinter ist die Küche, geräumig und mit allem Zubehör ausgestattet. Natürlich hat das Haus eine feine Badestube, die mit Wannenbad, Schauerbad und allem Bedarf eines Toilettenraumes versehen ist.

„Alle Möbel des Hauses hat uns Onkel Sam gestellt. Sie sind zwar einfach, aber schön, gut und für die Tropen die geeignetsten. Alle Stühle sind von Rohrgeflecht; Sofas und Tische und Betten sind so solid und schön wie in einem erstklassigen Hotel. Die Küche ist mit einem guten Kochofen und einer großen Eiskiste ausgestattet, mit einem Sink aus Porzellan und einer Abfallbütte aus Eisenblech, die täglich von Onkel Sams ‚Mülljunkern‘ gründlich entleert und gereinigt wird. Die elektrische Beleuchtung kostet uns nichts; die Weichkohlen für den Küchenofen werden umsonst geliefert. Alle Küchentische und Eiskisten stehen mit den Füßen in kleinen Pfannen, und diese werden stets mit Oel gefüllt, so daß die Ameisen — diese sind die Hauptplage der Hausfrauen in den Tropen und sind von allen Größen, Arten und Farben — nicht an die Speisen gelangen können. Auch alle Töpfe mit Pflanzen stehen in Untersätzen, die mit Wasser gefüllt sind; sonst würden diese kleinen Nager gar bald unsere Lieblinge zerstören.

„An Dienerschaft fehlt es uns hier nicht. Die meisten Diener sind Neger und Negerinnen aus Jamaika, sehr friedsame, stille, anstellige Leute. Ich bezahle meiner Magd $15 den Monat. Am Donnerstag-Nachmittag hat sie frei, muß aber zurück sein, um die Abendmahlzeit herzurichten. Sie ist eine treffliche Köchin. Hohe Beamte haben natürlich mehr Dienerschaft: Köche, Kellner, Stubenmädchen u. s. w. Ein guter Koch bekommt $20 den Monat, ein Kellner $15, und ein Stubenmädchen auch $15. Die Wäsche wird oft in den Wohnungen besorgt, namentlich wenn jemand zwei Mägde im Hause hat, oder es gehen auch Jamaikanerinnen von Haus zu Haus, welche für $1 den Tag das Waschen und Bügeln besorgen. Die meisten aber lassen die Wäsche in der Waschanstalt der Regierung tun. Kostet das auch etwas mehr, so

Eine Fahrstraße am Kanal nahe Las Chispo.

geschieht es doch, besonders was das feinere Zeug betrifft, desto besser, — nur reißen die Maschinen die Knöpfe so leicht ab!

„Die Essenszeit ist hier in den verschiedenen Häusern sehr verschieden — sie muß sich eben darnach richten, wie der Hausherr seine Arbeitsstunden hat. Das Frühstück besteht in der Regel aus einer leichten Mahlzeit und wird aus dem angegebenen Grunde in den Stunden von 5 bis 9 Uhr eingenommen. Um die Mittagszeit, von 11 bis 1 Uhr, genießt man einen soliden Imbiß, die Hauptmahlzeit aber wird abends gehalten, in den Stunden von 5 bis 7 Uhr. Fast alle Damen servieren nachmittags zwischen 3 und 4 Uhr, in den üblichen Besuchsstunden, Tee oder Kaffee — ohne das tun wir es ja nicht! Abends macht man nachbarliche Besuche oder liest und unterhält sich, und um 10 Uhr herrscht fast überall am Kanal tiefe Stille rings umher."

Dieser Brief hat uns gewiß einen recht guten Einblick in die Häuslichkeit einer Tropen-Amerikanerin gewährt. Aber, mag die Leserin denken, die Schreiberin hätte doch auch etwas darüber erzählen sollen, wie sich Frauen und junge Mädchen dort in unserer Kanalzone kleiden. Nun, auch damit können wir aufwarten, das hat uns nämlich eine andere Dame in zuvorkommender Weise besorgt. Sie schreibt:

„Was wir hier anzuziehen haben? Na, das ist wohl die schlimmste Sorge am ganzen Panama-Kanal, wie die Frauen sich ihre modischen Kleider beschaffen. Unter den Panamanern gibt es keine Kleider- und Putzmacherinnen, die diesen Namen verdienen. Fast alles muß daher aus der fernen Heimat, aus den Staaten, bestellt und hierher geschickt werden. Die Regierungsläden haben allerdings auch fertige Kleider, aber diese sind meistens für Männer, und die Frauen müssen daher — außer den fertigen Blusen — entweder ihre Kleider selber anfertigen oder sie in der alten Heimat bestellen. Die wohlhabenderen Damen dahier haben ja freilich längst ihre Bezugsquellen, nämlich ihre Modistinnen in New York, Chicago, Paris u. s. w. Da schicken sie einfach Maßangaben und Bezeichnung der Stoffe ein, und alles wird ihnen aufs prompteste und beste geliefert. Aber das kostet Geld, wenn auch die großen Geschäfte in den Vereinigten Staaten uns hier am Kanal auf allen Einkäufen, die wir bei ihnen machen, gerne einen Rabatt von 10 Prozent gewähren.

„Alltagskleider werden allerdings meist hier in der Zone selbst angefertigt. Es fehlt ja nicht an Frauen, die gut nähen können, und es

Eine neue Wagenbrücke nahe Pas Obispo über den Mandingo-Fluß.

sind auch Jamaika=Negermädchen vorhanden und zwei oder drei Näh=
terinnen in den Städten Panama und Colon, die gerne einfache Arbeit
übernehmen. Leinenzeug ist hier sehr billig, da in Panama so gut wie
gar kein Zoll darauf erhoben wird, und die hübschen Grasstoffe, be=
kannt unter dem Namen Kanton=Leinen, die aus China kommen und
von den chinesischen Kaufleuten viel verkauft werden, sind gleichfalls
sehr billig und sehr zweckdienlich. Auch Seidenzeug von jeder Sorte
ist billig zu haben, zumal seidene Strümpfe, Blusen und Kleiderröcke.

„Im ganzen genommen ist die Frauen=Garderobe hier doch billiger
als in den Staaten. So, warum? Weil wir nur eine Saison haben!
Man trägt jahrein jahraus Sommerkleider, und für schneidergemachte
Anzüge, Pelze und schwere Stoffe haben wir einfach gar keinen
Gebrauch.

„Was für Hüte tragen wir denn aber? Ich höre, daß sich jüngst
eine französische Putzmacherin in der Stadt Panama etabliert haben
soll. Aber unsere guten, fashionablen Hüte kommen alle aus den
Staaten. Unser populärster Alltagshut ist jedoch der Panamahut oder
Jippi=Jappi, wie er hier genannt wird. Das ist eine spanische Be=
nennung, und man spricht das Wort daher Hippi=Happi aus. Der
gewöhnliche Jippi=Jappi ist ein ziemlich grobes Strohgeflecht. Er
wird in Ekuador gemacht und hierher geschickt. Man kann einen recht
guten für $3 oder $4 erstehen, will man aber einen recht breitrandigen,
fein gewebten Panama haben, so muß man $8 bis $15 daran wenden.
Alle diese Hüte verzieren wir Frauen uns selber ganz nach Geschmack
und Belieben.

„Man darf getrost behaupten: die Frauen der Kanalzone gehen
gut gekleidet. Die Kleider passen und stehen ihren Trägerinnen nett.
Weiße und helle Anzüge sind ja überhaupt schön an Frauen, sie sehen
darin immer so adrett und sauber aus. Weil auch die Herren viel
weiße Anzüge tragen, so ist das Gesamtbild noch um so hübscher. Eine
Festlichkeit im großen Tivoli=Hotel zu Ancon ist daher stets ein maleri=
sches Bild und für das Auge gewiß so entzückend und gewinnend, wie
ein glänzender Empfang im Weißen Hause zu Washington."

Auch unser Gewährsmann, der Photograph, der uns so viele
schöne Bilder — neben denen, die wir von der Bundesregierung für
unser Buch bekamen — heim gebracht hat, weiß von dem Leben am
Kanal lebendig zu erzählen. Es wird ihm stets eine seiner angenehm=
sten Erinnerungen sein.

Proviantwagen Rennte zu Ancon, im Juni 1911.

„An einem der ersten Tage," so plaudert er frisch und munter, „die ich am Kanal zubrachte, besuchte ich die Wohnung eines Civilingenieurs, der aus St. Louis stammt, den ich zwar nicht persönlich kannte, wohl aber dem Namen nach, und der nun hier mit Familie, seiner Frau und zwei erwachsenen Töchtern und einem jüngeren Knaben, weilt, da er am großen Graben Beschäftigung gefunden. Ihn am Kanal aufzusuchen, schien mir eine schwierige Aufgabe; überdies zog ich auch vor, seine Familie kennen zu lernen, hatte ich doch mehrfach Grüße für sie alle in der Tasche und konnte ihnen ja auch gar mancherlei aus der alten Heimat berichten.

„Ohne Schwierigkeit fand ich seine Wohnung nahe Gatun. Es war ein Vierfamilienhaus, hübsch, echt vorstädtisch — im besten Sinne des Wortes — sah es aus. Ich langte so gegen 4 Uhr nachmittags an. Die Frau und die Töchter des Hauses gesellten sich alsbald zu mir in die gute Stube, und ich mußte ihnen alles auskramen, was ich nur wußte. Aber ich konnte mich gar nicht genug wundern über das Wohlergehen dieser Leute. So glücklich, so zufrieden habe ich noch selten Menschen angetroffen. Onkel Sam sorgt aber auch dafür, daß sie alles haben, was das Herz begehrt. Sie wohnen prächtig. Das Haus ist luftig und kühl. Ein lieblicher Garten umgibt es von allen Seiten. Die Nachbarn sind lauter gesellige, zuvorkommende Menschen.

„Eben als wir bei der besten Stimmung in voller Unterhaltung begriffen waren, fliegt die Haustür auf, und herein stürmt Charlie, der sechzehnjährige Sohn des Hauses, mit lautem Hurra!

„,Junge, was ist denn los?' ruft die Mutter. ,Siehst Du nicht, daß Besuch —'

„,Hurra, hurra! Der Culebra Baseball-Klub hat eben vom Empire-Klub das letzte Spiel gewonnen — Score 8 zu 3 — hurra! — nun stehen wir an der Spitze der Liga!'

„Ich habe im Leben keinen enthusiastischeren Baseball-,Fan' gesehen als diesen Burschen, und ich muß sagen, seine Schwestern — vielleicht die Mama selber etwas — teilten von Herzen seine Begeisterung.

„Es war nun fünf Uhr. Da erdröhnten donnernde Schüsse. Was war das?

„,Jetzt hören sie auf zu arbeiten am Kanal,' sagte die älteste Tochter, ,sie sprengen immer gleich um fünf Uhr. Nun kommen die Arbeiter heim, und Papa wird auch gleich hier sein. Sie müssen nun

Eingangstor zum Chinesen-Friedhof, bei der Stadt Panama.

so gut sein, mich und die Schwester ein Weilchen zu entschuldigen, damit wir die Mahlzeit herrichten.'

„Kaum hatte sie ausgeredet, so zog ein Trupp von Männern auf der Straße vorüber, Arbeiter in hohen Stulpstiefeln und Khaki- oder Jeanshosen und blauen Wollhemden, die ihnen vom Schweiße auf dem Leibe klebten, lauter hohe, kräftige, markige Gestalten. Einer von ihnen hielt vor dem Hause an, wandte sich um und kam auf die Veranda — es war der Herr des Hauses. Offenbar hatte er — ein Goldmann — so hart gearbeitet wie nur irgend einer der Silberleute. Aufs freundlichste bewillkommnete er mich, nachdem ich ihm vorgestellt worden, und aufs herzlichste begrüßten ihn seine Frau und Familienglieder. Der Knabe mußte ihm natürlich sofort den Sieg des Culebra-Klubs melden.

„Wie stach aber dieser Mann in seinem Arbeitsanzuge ab gegen die wohlgekleidete Frau und ihre Töchter! Aber — er wischte sich den Schweiß von der Stirn, schäkerte einen Augenblick mit dem Sohne, dann entschuldigte er sich auf einige Augenblicke. Kurz darauf hörte ich vom Badezimmer her das Brausen des Schauerbades, und nach wenigen Minuten trat ein Herr ins Zimmer in elegantem weißem Linnenanzug, sauber und frisch von Kopf bis zum Fuße, der nun wie geschaffen in den ganzen freundlichen Familienkreis hineinpaßte.

„Ich habe mehrere schöne Tage in diesem gastlichen Hause verleben dürfen, und ich kann nur hinzufügen, daß ich späterhin in noch gar mancher Wohnung zeitweilig eingekehrt bin und überall das wärmste Entgegenkommen und das schönste häusliche Glück, Zufriedenheit und Frohsinn, gefunden habe."

Konsulat der Vereinigten Staaten in Colon.

Auf dem Chinesen-Friedhofe bei der Stadt Panama.

9. Oberst Goethals und seine Gehilfen.

"Aller guten Dinge sind drei." Es waren drei Oberingenieure nötig, um das große Werk des Panama-Kanalbaues zu vollbringen.

Der erste Ingenieur, der die Route des Kanals fertig auslegte und das staunenswürdige Unternehmen begann, war der sehr tüchtige Fachmann John F. Wallace. Er besaß die schaffensfrohe Initiative und erkannte die ungeheuren Schwierigkeiten, die sich diesem Riesenwerke entgegenstellten. Er kam in die tropischen, vom Fieber heimgesuchten Dschungeln, bahnte sich mit seiner Machete (Buschmesser) den Weg und — gab sodann seine Aufträge. Er bestellte gleich eine ganze Anzahl Dampfschaufeln von 90 Tonnen Gewicht, bestellte eine ganze moderne Eisenbahn in allen Einzelheiten und forderte eine Ausrüstung, wie sie bis dahin niemand sich hatte träumen lassen. Seine Forderungen wurden ihm nicht rasch genug, zum Teil gar nicht gewährt, — da sandte er dem Kongreß seine Resignation ein. Heute hat man längst die Gerätschaften, die er verlangte, am Kanal, ja man hat noch viel mehr nötig gehabt, als was Wallace forderte.

Der nächste Oberleiter der Dinge war der ebenfalls höchst tüchtige und bewährte Ingenieur John F. Stevens. Er trat tapfer in die Fußstapfen Wallace', war jedoch ebensowenig Politiker wie dieser und besaß nicht das nötige Talent, die Herren in Washington geschmeidig zu machen. Er hat besonders den doppelten Ruhm, die Arbeitsmannschaft richtig rekrutiert und organisiert und danach das ganze Unternehmen in gehörigen Fortgang gebracht zu haben. Noch heute zollen ihm alle Kanalingenieure das Lob, daß er es war, der die definitive Kanalroute bestimmte, der in meisterhafter Weise das Transportproblem löste, und der nicht nur den Weg wies, wie der Culebra-Einschnitt auszuführen sei, sondern auch, wie die Berge von Erd- und Steinmassen fortzuschaffen und zu verwenden seien. Aber in Washington wurde ihm seine Arbeit nach und nach ganz verleidet, er verlor die Lust, immer mit Oberen in der weiten Ferne in Konflikt zu kommen, und resignierte.

Seine Resignation machte Platz für die gegenwärtige Kanalkommission, deren Mitglieder fast sämtlich Armee-Ingenieure sind, die in langen Regierungsdiensten gelernt haben, wie sie Befehle hinzunehmen haben und wie sie gleichzeitig dann alles das erlangen können, was sie

Das Gefängnis der Stadt Panama.

dazu benötigen und bedürfen. Bestand nun zwar, nach Stevens' Rücktritt, die Arbeit vornehmlich darin, das bereits richtig geplante und begonnene Werk weiter und vollends hinauszuführen, die bereits organisierten Arbeitskräfte noch zu vermehren und in guter Kontrolle zu halten, die ganze Versorgung der Mannschaften immer mehr zu vervollkommnen und eine mustergiltige Verwaltung des Ganzen einzurichten, so erforderte dies alles doch nunmehr nicht minder wiederum einen außerordentlich befähigten Oberleiter.

Oberst George Washington Goethals hat sich als dieser Mann bewiesen und bewährt. Er ist, möchte man sagen, der absolute Beherrscher des Isthmus, der nur dem Präsidenten der Vereinigten Staaten und unmittelbar dessen Kriegssekretär unterworfen ist. Er ist aber ein ebenso leutseliger wie energischer Charakter. Er steht an der Spitze des „United States Army Engineering Corps", und seit er von Präsident Roosevelt im Jahre 1906 mit der Erbauung des Kanals betraut wurde, hat er nicht einen einzigen freien Tag, ja kaum eine Mußestunde gehabt. Er ist ein Mann von bewundernswerter Arbeitsenergie. Um alles kümmert er sich, und alles, was am ganzen Kanal vor sich geht, weiß er. In betreff des Fortschritts der gesamten Bauarbeiten hält er sich natürlich von Tag zu Tag aufs genaueste informiert, aber so gut er z. B. bis ins einzelne in allen Befestigungsplänen des Hafeneingangs bei der Stadt Panama Bescheid weiß, so gut kann er auch freundlich lächelnd im Augenblick der Frau Jones Auskunft darüber erteilen, warum Frau Smith, deren Mann $20 den Monat weniger verdient als der ihrige, jüngst zwei Salzfäßchen mehr als sie und auch noch einen besonderen Wiegestuhl vom Quartiermeister bekommen hat. Er hat seine Arbeit so systematisch geordnet wie nur einer. Will er z. B. Einsicht nehmen in einen an die spanische Regierung in betreff Kontraktarbeiter gerichteten Brief, oder will er die Spezifikationen in dem Kontrakt für die neuen Ausladekrane auf den Werften von Balboa nachlesen, oder verlangt er das Nebengesetz Nr. 37 der „International Brotherhood of Railroad Engineers", oder den Ausgrabungs-Rekord der Dampfschaufel 222, oder die Personalnotizen über den Arbeiter 22,222, nämlich das Datum seiner Geburt, die Farbe seiner Haare, wie oft er abgelegt wurde wegen zu langen Schlafens, oder die Ursache des letzten Streites mit seiner Frau — er drückt einen Knopf, spricht ein paar Worte durch ein Sprachrohr, und in wenigen Minuten liegt das gewünschte Dokument, von einem Diener aus einem Nebenraume, wo

Eine typische Straße in der Stadt Panama.

allerlei Schriftstücke und Belege sorgfältigst geordnet und aufbewahrt werden, herbeigebracht, auf seinem Arbeitstische vor ihm.

Das Administrationsgebäude liegt hoch oben auf dem Culebra Hill, ist aber von keiner besonderen Schöne, vielmehr ein großer, geräumiger, viereckiger Kasten, mit einem Dache von galvanisiertem Eisenblech. Aber in jedem Raume sieht der Eintretende sofort, welchem Zwecke es dient, denn alle Wände hängen dicht voll von Karten und Plänen und Blaudrucken, die sämtliche Arbeiten bis in die kleinsten Einzelheiten genau angeben. Das ist Oberst Goethals' Arbeitsstätte. Jeden Morgen besteigt er den Frühzug und inspiziert die Ausführung der Arbeiten, dabei macht er heute hier morgen dort ausgedehnte Touren zu Fuß, um alles aufs genaueste in Augenschein zu nehmen. Darnach arbeitet er in seinem Bureau, und es ist längs der ganzen Kanalstrecke kein Geheimnis, daß man nachts sehr oft in seinem Arbeitszimmer noch Licht sieht, wenn längst in allen Wohnungen kein Licht mehr brennt. Diesem ruhigen und besonnenen, bescheidenen und tatkräftigen Soldaten ist es in erster Linie zu verdanken, daß das große Werk des Panama-Kanalbaues fast zwei Jahre vor der festgesetzten Zeit (1. Januar 1915) vollendet sein wird.

Aber dieser treffliche Mann hat auch ausgezeichnete Mitarbeiter zur Seite, die ihm bei dem Riesenunternehmen mit allen Kräften geholfen haben. Ein bedeutsames Zeugnis für die anerkennenswerten Leistungen dieser Männer ist die aus Costa Rica, der etwas nördlich von unserer Kanalzone gelegenen mittelamerikanischen Republik, an unsere Regierung ergangene Bitte, ihr die Dienste des Oberst Goethals und seiner Gehilfen zu leihen, damit sie die Häfen dieses Landes an der Pacific-Küste ebenfalls sanitär machen und in moderner Weise befestigen. Ein nicht minder ehrendes, für sich sprechendes Zeugnis ist das Gesuch der südlich von der Kanalzone liegenden kleinen Republik Ekuador, die unsere Regierung bittet, ihr den Oberst William C. Gorgas zu überlassen, damit er die Hauptstadt Guayaquil und andere Hafenstädte am Pacific in reine und gesunde Orte umwandle.

Oberst Gorgas ist nämlich der Mann, der als Chef des Sanitär-Korps die gesamten Maßnahmen zur Umwandlung des ehemaligen „Pestloches", des Isthmus, in einen der gesündesten Orte der ganzen Erde plante und leitete. Er ist Armeearzt, verfügt aber auch über bedeutende Ingenieurskenntnisse. Die Sterblichkeit in der ganzen Kanalzone betrug im letzten Jahre unter den 100,000 Bewohnern weniger

Auf einer Straße der Stadt Panama.

Panama 12.

als 8 aufs Tausend, während sie sich in New York auf 16 pro Tausend belief und in vielen Städten noch weit höher stieg. Alle Reisenden, die dem Kanal einen Besuch abgestattet haben, erklären einstimmig, daß sie nirgends eine gesundere Arbeiterschar jemals gesehen haben. Die Männer arbeiten täglich acht und neun Stunden lang in der heißen Sonne — im Schatten steigt übrigens die Temperatur selten über 86 Grad Fahrenheit — oder mitunter auch in strömendem Regen, wenn es not tut, und sind dabei so frisch und gesund, wie sie nur sein können. Alle Fiebermiasmen sind beseitigt, alle Wohnungen sind nach den besten und bewährtesten gesundheitlichen Regeln gebaut und eingerichtet, die Nahrung ist von allerbester Güte, kurz, Oberst Gorgas hat die Kanalzone für den Weißen so bewohnbar gemacht, wie sich sicherlich im ganzen Tropengürtel der Welt kein zweiter Ort findet, der einen Vergleich aushalten könnte, ja man darf sagen: so gesund, wie nur irgend eine Stadt unseres Nordens ist.

Der Mann, der die ganze Armee von Arbeitern unter sich hat und sie befehligt, ist Oberst C. A. Devol, ein Offizier unseres regulären Heeres. An der Hagia Sophia, der wunderschönen alten Kirche von Konstantinopel, sollen 10,000 Arbeiter gebaut haben; an der gewaltigen Cheops-Pyramide in Aegypten gar 20,000. Hier am Kanal aber sind über 35,000 Arbeiter am Werke. Dort waren es Fronarbeiter, und den Kindern Israel wurde unter den Peitschenhieben der Vögte mancher bittere Seufzer ausgepreßt. Hier aber sind die Arbeiter freie Männer, die jederzeit, wann es ihnen beliebt, einmal „ablegen" können, und sie erhalten die höchsten Löhne für ihre Art Arbeit, genießen die beste Behandlung und werden mit aller Nahrung und Notdurft in geradezu musterhafter Weise versorgt. Oberst Devol, der Hauptquartiermeister, der sein Hauptquartier in der Stadt Panama hat, muß ohne Zweifel ein Mann von eminenten Fähigkeiten sein. Er ist es, der die Arbeiterscharen heuert, er weist ihnen ihre Wohnungen und Quartiere an, er zahlt ihnen die Löhne aus (in Zahlscheinen), er führt aber auch mit die Oberaufsicht über alle Warenvorräte in den 88 Warenniederlagen auf dem Isthmus, die, aneinander gereiht, einen so großen Flächenraum bedecken würden wie eine anständige Farm und von denen aus die ganze materielle Versorgung der Armee von Arbeitern und Angestellten erfolgt. In den letzten vier Jahren waren durchschnittlich 35,000 Arbeiter am Kanalbau beschäftigt, und manchmal lief die Zahl bis auf 38,000 und sogar 40,000 hinauf. Das ist eine enorme Mann=

Im Park der Stadt Panama.

schaft, und sie zu lenken und in Tätigkeit und Ordnung zu halten wie eine Maschine, erfordert sicherlich einen ganzen Mann.

Aber auch noch ein anderer Kanalkommissär muß besonders erwähnt werden. Das ist Konteradmiral H. H. Rousseau. Dieser Mann ist erst 42 Jahre alt, hat aber eine außerordentlich erfolgreiche Laufbahn hinter sich. Ursprünglich war er von Profession Civilingenieur, er bewarb sich dann um die Zulassung zu einem Examen im Flottenamt, bestand die Prüfung, wurde zum Leutnant befördert und ist nun unter der Oberleitung von Oberst Goethals infolge seiner außerordentlichen Leistungen am Kanalbau, namentlich durch die meisterhaften Schleusenbauten, von Stufe zu Stufe aufgerückt bis zum Posten eines Konteradmirals. Er ist der Haupt=Baumeister, der die schwierigsten Arbeiten an dem ganzen Kanal ausführte. Er ist es auch, der jetzt von Oberst Goethals speziell mit dem Ausbau der beiden Hafeneingänge und der starken Befestigung der westlichen Einfahrt betraut worden ist.

Der Hafen von Panama.

Das National-Theater der Panamaner. Kosten $1,500,000.

10. Die Bedeutung des Panama-Kanals.

Die Eröffnung des Panama-Kanals zwingt in steigendem Maße alle Kreise, die an der Weltwirtschaft und dem, was mit ihr zusammenhängt, beteiligt sind, die Veränderungen, die das Ereignis zur Folge haben wird, zu prüfen und sich auf sie einzurichten. Es ist daher angebracht, der Frage nachzugehen, welche Verschiebungen der Welthandel durch die Eröffnung des Kanals erfahren wird und welchen Einfluß diese Kunststraße der Neuen Welt auf die große internationale Kunststraße der Alten Welt, nämlich den Suez=Kanal, ausüben wird.

Der Professor an der Handelshochschule zu Köln, Dr. Wiedenfeld, hat hierüber in einem ausführlichen Vortrag eine Reihe sehr beachtenswerter Gedanken entwickelt, aus denen das Hauptsächliche wiedergegeben sei.

Geschichtlich, sagte er, ist der Panama=Kanal als ein Sohn des Suez=Kanals zu betrachten. Zwar ist der Plan, das Verkehrshindernis der schmalen Landenge von Panama zu überwinden, schon sehr alt; er geht bis auf Karl V. zurück und ist später von Alexander v. Humboldt aufs neue aufgegriffen worden. Aber beide Männer dachten doch nur an einen Binnenschiffahrtskanal. Erst Ferdinand v. Lesseps faßte nach dem Erfolg, den er mit dem Suez=Kanal gehabt hatte, den Entschluß, nun auch den Atlantischen und den Stillen Ozean miteinander zu verbinden.

Im Gegensatz zu dem Suez=Kanal, der ein Niveaukanal ist, wird der Panama=Kanal sechs Schleusen haben; mit einer Länge von 50 Meilen wird er die Suez=Straße um etwa 10 Meilen übertreffen; mit seiner Tiefe von 30 Fuß bleibt er zunächst 1½ Fuß und, wenn die Vertiefungsarbeiten im Suez=Kanal beendet sein werden, 3 Fuß hinter seinem älteren Bruder zurück. Beide Kanäle sind einschiffig; für die Fahrzeit im Panama=Kanal sind 14 Stunden vorgesehen, die man aber selbst in dem kürzeren und schleusenlosen Suez=Kanal nur selten erreicht; man wird also gut tun, mit einer wesentlich längeren Fahrzeit zu rechnen.

Wie steht es nun, so fragte er dann, mit den Verschiebungen, die die Eröffnung des Panama=Kanals im Weltverkehr herbeiführen wird? Betrachten wir zunächst die Veränderungen in den Wegstrecken des internationalen Handels. Das nordwesteuropäische Wirtschaftsgebiet — Deutschland, England, Belgien, Holland — wird für seinen Ver=

Das Innere des Hauses einer reichen spanischen Familie in der Stadt Panama.

sehr mit Ostasien und Australien nicht viel Anlaß haben, die Suez=
Straße mit der Panama=Straße zu vertauschen; denn bis Sydney
etwa ist die Suez=Strecke die kürzere, und erst nordöstlich von diesem
Hafen gewinnt die Panama=Strecke den Vorsprung. Bedeutender wird
die Veränderung allerdings gegenüber der Westküste des amerikanischen
Erdteils; hier bedeutet Valparaiso ungefähr den Schnittpunkt für die
beiden Routen über Punta Arenas und durch den Panama=Kanal.
Die ganze Küste nördlich dieses chilenischen Hafens rückt uns näher
durch die neue Wasserstraße, und für einen Ort wie San Francisco
wird die Entfernung ungefähr halbiert sein. Außer dem europäischen
haben wir aber auch das amerikanische Wirtschaftsgebiet zu betrachten,
das in wachsendem Maße seinen eigenen internationalen Verkehr ent=
wickelt. Doch auch von New York aus bleibt Ostasien bis Hongkong
schneller erreichbar über Suez als über Panama; erst die chinesischen
Häfen nördlich von Hongkong und die japanischen werden New York
künftig näher gerückt sein. Erheblicher ist auch hier wieder die Weg=
verkürzung zwischen New York und der amerikanischen Westküste; sie
ist so augenfällig, daß eben sie den eigentlichen Anlaß zum Bau des
Kanals gegeben hat. Endlich haben wir noch zu bedenken, daß New
York und Nordwesteuropa sowohl in Ostasien wie an der amerikani=
schen Westküste gegeneinander in Wettbewerb stehen: dem letzteren
Felde wird New York durch den Panama=Kanal bedeutend näher ge=
rückt sein als wir; doch auch in Ostasien werden alle Häfen nördlich von
Schanghai durch die Panama=Straße dem amerikanischen Einfluß er=
reichbarer, als sie dem unsrigen von Hamburg aus sind.

Es wäre aber falsch, meint Dr. Wiedenfeld, die künftigen Ver=
schiebungen allein nach den Weglängen zu berechnen; es wäre das eine
rein mechanische Betrachtungsweise, während der Verkehr eine organi=
sche Erscheinung ist. Im heutigen Seefrachtenverkehr, der das Rückgrat
des ganzen Seeverkehrs ist, spielen Unterschiede von tausend Seemeilen
und mehr nur eine zweite Rolle. Eine Reihe anderer Umstände fällt
viel mehr ins Gewicht, und zwar in unserem Falle durchaus zu gunsten
des Suez=Kanals. Zunächst werden die Schleusen der Panama=Straße
nachteilig werden, denn sie bedingen ein größeres Risiko und darum
auch eine höhere Versicherungsprämie. Zum andern wird die ganze
Segelschiffahrt für den Panama=Kanal nicht in Frage kommen wegen
der Windstillen in den beiden durch ihn verbundenen Meeren. Vor
allem aber ist der Weg von Europa über Suez nach Ostasien ein

In der Marinedelswoche, 18. Februar 1912, in der Stadt Panama.

Straße durch ein ungeheures Wirtschaftsgebiet mit einer Fülle von Kulturländern und darum für den Handel höchst lohnenden Zwischenstationen: auf einem Dampfer, der von Hamburg nach Yokohama fährt, wechselt die Ladung so häufig und völlig, daß am Ziel oft kein Stück der ersten Fracht mehr vorhanden ist. Die Straße durch den Panama-Kanal dagegen hat auf der einen Seite nur das verhältnismäßig kleine Wirtschaftsgebiet von Westindien, auf der andern aber die große leere Wasserwüste des Stillen Ozeans! Nach alledem wird die neue Straße an die internationale Bedeutung des Suez-Kanals in keiner Weise heranreichen; sie wird im wesentlichen nur eine lokale Wasserstraße für den Verkehr mit Westamerika sein. Immerhin darf man sie als solche aber auch nicht unterschätzen. Man muß damit rechnen, daß der wirtschaftliche Unternehmungsgeist der Amerikaner durch sie hindurch in viel stärkerem Maße auf Mittel- und Südamerika einwirken wird, als es heute der Fall ist, daß uns darum die Yankees in diesen Gebieten recht unbequeme Konkurrenten werden. Man muß beachten, daß das Wirtschaftszentrum der Vereinigten Staaten nicht um New York herum liegt, sondern im mittleren Westen. Von hier aus bietet der Mississippi, dessen Schiffbarmachung eine Frage der nächsten Zeit ist, über New Orleans, das mächtig emporblühen wird, mit dem Kanal eine ununterbrochene Wasserstraße nach den Häfen Westamerikas. —

Ein anderes, gewiß sehr beachtenswertes Urteil über die Bedeutung des Panama-Kanals fällte schon vor einigen Jahren der bekannte Afrika- und Weltreisende Dr. Karl Peters. Er schrieb:

„Am interessantesten in der Machtverschiebung des letzten Jahrzehnts ist das plötzliche Hinausgreifen der Vereinigten Staaten über ihre natürlichen Grenzen. Aus einer rein kontinentalen ‚defensiven‘ Macht entwickelt sich vor unsern Augen die dritte ‚Weltmacht‘ unseres Planeten im Atlantischen und Stillen Ozean, welche ihren Einfluß in den Antillen und den Philippinen etabliert und bereits anfängt, im fernen Osten wie in Europa sich fühlbar zu machen.

„Man versteht, welche Bedeutung im Zusammenhang mit solchen Strebungen und Plänen die direkte Seeverbindung zwischen dem Atlantischen und Stillen Ozean für die gesamte zivilisierte Welt, insbesondere aber für die Vereinigten Staaten haben muß. Wenn Nordamerika seinen Imperialismus auf beiden Weltmeeren zur Wahrheit machen will, ist die Wasserverbindung durch den Isthmus von Panama eine klare Lebensfrage. Die große wirtschaftliche Bedeutung des Pa=

Ein Teil von Gouverneur Thatchers Wohnung zu Ancon, Kanalzone.

nama-Kanals lehrt ein Blick auf die Erdkarte. Die Einengung des Isthmus von Panama, die zwischen Aspinwall und Panama nur 46 Meilen beträgt, ladet zur Verbindung der beiden Weltmeere geradezu ein. Der Panama-Kanal wird in einer Fahrt von 14 Stunden den Atlantischen mit dem Stillen Ozean verbinden. Nicht nur wird er den Osten der Union dicht an den Westen, Boston, New York, New Orleans an San Francisco heranrücken; auch das gesamte Europa, Großbritannien, Frankreich, Deutschland und Rußland werden von diesem neuen Seeweg in gleichem Maße profitieren. Ja, selbst Ostasien wie der Archipel des Stillen Ozeans und Ostaustralien werden

Eine Werft der Stadt Colon.

uns durch diese Westroute näher gerückt werden. Die handelspolitischen und wirtschaftlichen Folgen des Panama-Kanals sind heute noch ganz unberechenbar. Letzten Endes werden sie über die des Suez-Kanals hinausgehen. Denn die Kontinente unseres Planeten erstrecken sich von Norden nach Süden; und jede Durchstechung in westöstlicher Richtung schneidet demnach größere Umwege ab als solche in nordsüdlicher. Je mehr der Stille Ozean und der ferne Osten in der Weltwirtschaft bedeuten, je lebhafter die Gestade Westamerikas am Welthandel sich beteiligen, um so größer wird die Bedeutung des neuen Kanals sein."

Das ist jedenfalls keine Frage: Für unser ganzes Land der

Vereinigten Staaten, für den Osten wie den Westen, für den Norden
wie den Süden, für das ganze Mississippi-Tal wird die neue Fahrstraße des Welthandels Leben und Aufschwung bedeuten. Neue
Dampferlinien werden entstehen, und die Schiffahrt im Süden wird
zu ungeahnter Blüte gelangen. In wirtschaftlicher und sonderlich auch
in strategischer Bedeutung wird der Panama-Kanal unserem Lande
ein hochwichtiger Faktor sein.

Schon Humboldt bezeichnete diese Fahrstraße als ein Unternehmen, das „die Regierung, die mit den wahren Interessen der Humani-
tät sich befaßt, unsterblich machen" werde. Und Goethe sagte in einem

Schiffsverkehr der Stadt Colon.

Tischgespräch schon am 21. Februar 1827 zu seinem Freunde Ecker-
mann, der die Worte überlieferte: „Humboldt hat mit großer Sachkennt-
nis noch andere Punkte angegeben, wo man mit Benutzung einiger in
den mexikanischen Meerbusen fließender Ströme vielleicht noch vorteil-
hafter zum Ziele käme als bei Panama. Dies ist nun alles der Zukunft und einem großen Unternehmungsgeiste vorbehalten. So viel ist
aber gewiß, gelänge ein Durchstich derart, daß man mit Schiffen von
jeder Ladung und jeder Größe durch solchen Kanal aus dem mexikanischen Meerbusen in den Stillen Ozean fahren könnte, so würden dar-
aus für die ganze zivilisierte und nichtzivilisierte Menschheit ganz un-
berechenbare Resultate hervorgehen. Wundern sollte es mich aber,

wenn die Vereinigten Staaten es sich würden entgehen lassen, ein solches
Werk in ihre Hände zu bekommen. Es ist vorauszusehen, daß dieser
jugendliche Staat, bei seiner entschiedenen Tendenz nach Westen, in
dreißig bis vierzig Jahren auch die großen Landstrecken jenseits der
Felsengebirge in Besitz genommen und bevölkert haben wird. Es ist
ferner vorauszusehen, daß an dieser ganzen Küste des Stillen Ozeans,
wo die Natur bereits die geräumigsten und sichersten Häfen gebildet hat,
nach und nach sehr bedeutende Handelsstädte entstehen werden zur Ver=
mittlung eines großen Verkehrs zwischen China nebst Ostindien und
den Vereinigten Staaten. In solchem Falle aber wäre es nicht nur
wünschenswert, sondern fast notwendig, daß sowohl Handels= als auch
Kriegsschiffe zwischen der nordamerikanischen westlichen und östlichen
Küste eine raschere Verbindung unterhielten, als es bisher durch die
langweilige, widerwärtige und kostspielige Fahrt um das Kap Horn
möglich gewesen. Ich wiederhole also: es ist für die Vereinigten Staa=
ten durchaus unerläßlich, daß sie sich eine Durchfahrt aus dem mexi=
kanischen Meerbusen in den Stillen Ozean bewerkstelligen, und ich bin
gewiß, daß sie es erreichen. Dieses möchte ich erleben, aber ich werde
es nicht."

„Ich bin gewiß, daß sie es erreichen," prophezeite der Dichter=
fürst, — sie haben es getan, das Werk ist vollbracht, zum Staunen der
Welt ist es in wenigen Jahren vollendet worden, und die Vereinigten
Staaten haben durch die Teilung der Hemisphäre der ganzen Welt
eine unermeßlich wertvolle Handels= und Verkehrsstraße eröffnet, sie
haben damit am Eingang des neuen Jahrhunderts einen ganz bedeut=
samen Markstein gesetzt!

Castillo, am San Juan=Flusse.

11. Wie Schiffe den Kanal durchfahren.

Eine Fahrt von Meer zu Meer auf der Panama=Bahn haben wir schon gemacht (Kapitel 3) und sind bald hier bald da ausgestiegen und haben die erstaunlichen Arbeiten des Kanalbaues näher betrachtet. Wie wird nun die Durchfahrt der Schiffe durch den Kanal vor sich gehen?

Einem stolzen Schwane gleich, fährt ohne Wellenschlag ein maje=stätischer Dampfer in die Limon=Bai hinein. Sein Bug ist auf Colon (das alte Aspinwall) gerichtet. Das Verdeck ist voller Passagiere, deren Augen unverwandt auf die malerische Küstenlandschaft hinausspähen

Die Bai der Stadt Panama.

und immer eifriger die Kanaleinfahrt suchen. Sie ahnen, ja sie wissen: dort beim hohen Leuchtturm geht es in die neue Wasserstraße hinein. Aber liegt die Einfahrt rechts oder links davon? Denn der mächtige Wellenbrecher, die lange Schutzwehr der Kanalmündung, gibt dem Un=erfahrenen zunächst noch dies Rätsel auf.

Bald aber sieht man es deutlich, der Dampfer läßt, der Mündung näher und näher kommend, die niedrigen Holzbauten der Stadt Colon (siehe das Kärtchen auf Seite 52) links liegen. Tief noch erstreckt sich die schöne, ovale Bai ins Land hinein. Aber da rechts vom Dampfer steht jetzt der hohe, weiße Leuchtturm von Toro Point. Zwischen Colon

und Toro Point, dicht am „Breakwater", dem Wellenbrecher, her gleitet
das Schiff in die Kanalmündung hinein. Dieser Wellenbrecher springt
von Cristobal Point vor bis zur äußersten Landzunge, Toro Point.
Schon sind nun auch die hübschen Wohnhäuser von Cristobal, der
amerikanischen Vorstadt von Colon, zur Rechten sichtbar geworden mit
der herrlichen Kokospalmenallee am ganzen Ufer entlang, und die
Passagiere erlaben sich allesamt an dem reizenden, herzerfrischenden
Landschaftsbilde.

Etwas kräftiger setzt jetzt die Maschinerie des Dampfers ein, und
auf der 500 Fuß breiten, stillen Wasserfläche des Kanals gleitet der
Koloß erst recht wie ein stolzer Schwan dahin. Zur Linken bietet die
niedrige Landschaft wenig Anziehendes, doch rauscht vielleicht eben auf
dem dicht am Kanal einherlaufenden Geleise der Panama-Bahn ein
langer Eisenbahnzug daher und veranschaulicht uns so noch erst recht
die Bedeutung des Isthmus-Verkehrs von Ozean zu Ozean. Rechts
vom Kanal erblickt das Auge höher und höher ansteigende grasreiche
Hügel, die in der Ferne ganz ansehnlich emporragen.

Jetzt kreuzt der Kanal, bei Mindi, etwa halbwegs vor der ersten
Schleuse von Gatun, den alten Lesseps-Kanal. So weit waren die
Franzosen mit ihrer Kanalarbeit gekommen, und dem Beschauer er=
wachen teils traurige Gefühle, wenn er sich vergegenwärtigt, wie hier
das Werk eines großen, erfolgreichen Mannes, des Erbauers des Suez=
Kanals, so kläglich scheiterte und in die Brüche ging, teils aber auch er=
hebende Gefühle, daß nach allen Fehlschlägen und zahllosen Projekten
endlich der amerikanische Unternehmungsgeist den lange erhofften, lange
geplanten Isthmus-Durchstich glücklich hat vollenden dürfen.

Nach einer Fahrt von knapp acht Meilen ist der Dampfer vor
Gatun angelangt. In einiger Entfernung hat man bereits den Was=
serlauf des wilden Gesellen, des Chagres-Flusses, erblickt, dessen Bän=
digung, Abdämmung und Nutzbarmachung hier so viel Arbeit und
Mühe, Material und Geld gekostet hat. Zur Rechten sehen wir einen
mächtigen, mit saftig grünem Rasen bewachsenen, hohen Damm, in
dessen Mitte der aus weißer Konkretmasse erbaute, gewaltige „Spill=
way" — die Abwasserleitung — das Auge besonders fesselt. Dahinter
liegt der aus dem Chagres River durch diese Aufstauung seiner Gewäs=
ser gebildete Gatun-See. Ja, was hat dieser Damm für Arbeit ge=
kostet! Denn der ganze lange grüne Hügel ist aus Felsen — sie liegen
unter dem Rasen — aufgeschüttet, die beim Durchschneiden des Cule=

bra=Passes in den Bergen herausgesprengt und fortgeschafft werden mußten, hier aber bei der Abdämmung des Chagres, dem der „Spill=
way" jetzt nur das überflüssige Wasser fortnimmt, so daß es im un=
teren Strombette entführt wird, äußerst zweckdienliche Verwendung gefunden haben. Wie wohltuend für das Auge, diese saftig grünen Abhänge!

Zur Linken springen nun alsbald bei der Weiterfahrt des Dam=
pfers die doppelten, dreifach abgestuften, kolossalen Konkretmassen der Gatun=Schleusen in die Augen. Blendend weiß glitzern sie in der

Am Bau des Wellenbrechers zu Balboa.

Sonne. Die ersten Schleusentore sind offen. Der Dampfer gleitet langsam und immer langsamer in die erste der Schleusen hinein — auf ebener Wasserfläche. Jetzt ist er darin. Hinter ihm schließen sich die beiden breiten, mächtigen Tore — dicht, wasserdicht. Vier riesige Lo=
komotiven, zwei zu jeder Seite, werden mit starken Ketten an den Dampfer gespannt, um ihn stet zu halten und hernach, sobald er in die Höhe gehoben ist, vorwärts zu ziehen in die zweite Schleuse. Plötzlich sprudelt von unten her mit Rauschen und Brausen das Wasser in die Schleuse herein. Durch die mächtigen Tunnels, die durch die

Schleusenwände der Länge nach hindurchführen und unten am Boden
der Schleusen ausmünden — der Leser sieht sie auf mehreren unserer
Bilder, sie sind so umfangreich, daß ein Pullman=Zug hindurchfahren
kann, — stürzen die Wassermassen herein und heben den Dampferkoloß
höher und höher, bis zum Wasserspiegel der zweiten Schleuse. Ist
diese Höhe erreicht, so öffnen sich deren Tore. Die Lokomotiven bug=
sieren den Dampfer vorwärts. Sobald er in der zweiten Schleuse an=
gelangt ist, schließen sich hinter ihm die Tore, und während nun aus
der ersten Schleuse das Wasser fortgelassen wird, wiederholt sich hier
in der zweiten dasselbe Schauspiel wie vorhin: wieder brausen die
Wasser aus den Tunnels in der Tiefe empor, abermals steigt der
Dampfer in die Höhe. Das nämliche Schauspiel wiederholt sich dann
noch einmal in der dritten Schleuse. Jetzt aber befindet sich der Dam=
pfer in einer Höhe von 85 Fuß über der Kanalfläche vor dem ersten
Schleusentore. Die letzten Tore öffnen sich, und er fährt wieder weiter
unter eigenem Dampfe.

Ah, ein ganzer See breitet sich da vor den verwunderten Blicken
der Reisenden aus! Und sie merken es gleich: der Dampfer beginnt
mit Volldampf zu fahren, denn hier kann er allen Zeitverlust, den er
in den Schleusen an seiner Fahrzeit erlitt, wieder einholen. Inseln
tauchen zur Rechten und zur Linken auf, und mit Staunen erfährt der
Neuling, daß dies Berggipfel sind. Durch die Abdämmung des Cha=
gres, der zuzeiten furchtbare Wassermassen zu Tal zu bringen pflegte,
hat man hier — ein Meisterwerk der Ingenieurkunst und Technik —
in höchst findiger, geschickter, praktischer Weise einen langen, breiten
See geschaffen, in den er alle seine Wasser hineinschütten kann. Die
Schleusen und die Abwasserleitung („Spillway") sorgen dafür, daß der
See nicht über seine Ufer tritt, indem sie ihm alles überschüssige Wasser
entziehen.

Da fährt nun der Dampfer über eine 1,000 und mehr Fuß breite
Wasserfläche dahin. Man vergißt ganz, daß man auf einem Kanal
fährt; die Spitzen der aus dem Wasser aufragenden Baumkronen und
die Inselgipfel der unter Wasser gesetzten Hügel täuschen über den
Gedanken einer Kanalfahrt hinweg und gaukeln den Passagieren eine
richtige Seefahrt vor. Etwa drei und eine halbe Meile weit geht die
Fahrt direkt südlich, dann macht der Dampfer an einer bezeichneten
Stelle eine scharfe Biegung nach links, um nun fast fünf Meilen weit
wieder einen geraden Kurs inne zu halten bis zu einer Stelle, die etwa

eine Meile unterhalb des Oertchens Bohio liegt. Von da an werden, zur Rechten hin, die Ausgrabungen der Franzosen sichtbar, nämlich die Stelle, wo sie ihre Kanalschleusen anzulegen gedachten, und nun gleitet der Dampfer auch über die Stätten hinweg, wo früher die Ortschaft Frijoles mit ihren Hütten stand, über der heute die Wellen des Gatun=Sees spielen.

Ein Lager der Jamaikaner — selbstgebaute Hütten — in der Kanalzone.

Nach einer Fahrt von fünfzehn Meilen beginnt die 1,000 Fuß breite Wasserstraße sich zu verengern; doch noch immer fährt der Dampfer unter Volldampf, denn die Verengerung ist nicht sehr bedeutend. Noch immer ist der Spiegel der Fläche 800 Fuß breit, und der Kanal gleicht nun mehr einem ansehnlichen Flusse, mit romantischen Hügeln zu beiden Seiten. Das ist das Tal des Chagres.

Weiterhin verengert sich dann der Kanal abermals; er ist jetzt nur noch 500 Fuß breit, und der Dampfer beginnt seine Fahrt zu verlangsamen. Bald sieht man, wie die Berge höher und höher und die Fahrrinne noch enger und enger wird, bis sie nur mehr 300 Fuß in der Breite mißt. Da fährt der Dampfer in den Culebra-Einschnitt hinein. Auf eine Strecke von neun Meilen fährt er zwischen den Berghäuptern dahin. Die kahlen Wände, wie sie nach den enormen Ausgrabungs- und Sprengarbeiten aussahen, die hier vorgenommen werden mußten, sind verschwunden, denn man hat die Abhänge allesamt mit Sträuchern und Buschwerk bepflanzt, so daß eine anheimelnde Scenerie den Durchreisenden grüßt. Dieser Teil der Fahrt ist daher ganz besonders romantisch. Die grünen, waldgekrönten Bergkuppen steigen bis zu einer Höhe von 550 Fuß über dem Kanal empor, und der Tourist ahnt gar nicht mehr, wie viel Arbeit hier von Hunderten von Drillmaschinen und Dampfschaufeln und Tausenden von fleißigen Arbeitern geschehen ist.

Doch jäh ist die Gebirgswelt zu Ende. Weithin grüßt ein freundliches Tal. Vor dem Bug des Dampfers schimmern die Pedro Miguel-Schleusen. Die großen Sperrtore stehen weit geöffnet, und langsam dahingleitend fährt der Dampfer in die weiße Zementkammer hinein. Alsbald schließt sich hinter ihm das Einfahrtstor, das vordere ist gleichfalls geschlossen. Jetzt rauscht das Wasser unter dem Kiele fort — gerade die umgekehrte Prozedur findet hier statt. Es braust durch die großen Oeffnungen am Boden der Schleuse hinaus in die mächtigen Tunnels, die, in den gewaltigen Seitenwänden weiter laufend, es der nachfolgenden, tiefer liegenden Kanalstrecke zuführen. Der Dampfer sinkt volle 30 Fuß. Nun öffnet sich das Auslaßtor, und vor den Blicken aller liegt, in gleicher Höhe, ein wunderschöner, silbern glitzernder, länglicher See, der herrliche Miraflores Lake.

Drei und eine halbe Meile weit durchschneidet der Dampfer, wieder unter Volldampf voraneilend, den herrlichen Wasserspiegel der „tausend Blumen", an dessen Ufern sich eine lachende tropische Landschaft ausbreitet, bis er die Doppelschleusen gleichen Namens, die Miraflores-Schleusen, erreicht, wo er abermals ein langsames Tempo einschlägt. Zwei Senkungen erfolgen hier — sie bringen das Schiff hinab auf das gleiche Niveau mit dem Pacific, seinem Ziele.

Nur noch drei Meilen ist es von der letzten Schleuse bis Balboa, und nach etwa fünf Meilen Fahrt wird sich der Dampfer im Tiefwasser des Großen Ozeans befinden. Hier ist das umliegende Land meist niedrig, zum Teil sumpfig, wie an der atlantischen Einfahrt, aber im Hintergrunde erheben sich grüne Hügel. Zur Linken erblickt man bei der Ausfahrt aus dem Kanal die ausgedehnten Werften, Lagerhäuser und Reparaturwerkstätten von Balboa, noch weiter links liegt die Stadt Panama, von einer wunderschönen Anhöhe herab die Bai überblickend. Aber noch prachtvoller liegt das amerikanische Ancon auf dem stolzen, die ganze Bai beherrschenden Ancon Hill. Der Ausblick auf den Ozean ist nicht minder entzückend: drei herrliche Eilande, Naos (oder Perico), Culebra und Flemengo (auch Flamenco geschrieben), liegen wie natürliche Schutzbastionen vor der Kanaleinfahrt, und vor ihnen sperrt dann die größere, prächtige Insel Taboga noch wieder ein gut Teil der Außenbai ab. Auf allen diesen Inseln werden Festungswerke angelegt, und vom Gipfel des Ancon Hill werden gleichfalls Kanonenrohre die Bai und die Kanaleinfahrt beherrschen.

Die ganze Fahrt durch den Panama-Kanal wird eine unvergleichlich schöne, äußerst interessante sein. Berge und Täler, Flüsse und Seeen, tropische Dickichte und Dschungeln, mächtige Bäume, an denen Schlingpflanzen hinaufwuchern und von denen herab prangende Orchideen leuchten, auf denen bunte Vögel zwitschern und behende Affen klettern, herrliche Gewächse und Blumen, kleine Ansiedlungen und Plantagen — ein wechselreiches, buntes Bild zieht am Auge des Durchreisenden vorüber. So viel steht fest, was Kanalfahrten betrifft, wird die Fahrt durch den Isthmus von Panama auf der neuen, die beiden Ozeane verbindenden Wasserstraße die weitaus schönste der Welt sein!

www.ingramcontent.com/pod-product-compliance
Lightning Source LLC
Chambersburg PA
CBHW022020220426
43663CB00007B/1158